The 12 month millionaire

En Capsules

Les révélations incontournables de Vincent James

Éditions Concentré

INDEX

Ch. 1 La Meilleure Entreprise du Monde — p. 5

Ch. 2 Produits et Arithmétique — p. 15

Ch. 3 Quand une promotion explose — p. 27

Ch. 4 Les listes de diffusion — p. 41

Ch. 5 Publicité dans les magazines — p. 47

Ch. 6 Créez votre Swipe File — p. 61

Ch. 7 Le back end — p. 65

Ch. 8 L'auto-expédition — p. 73

Ch. 9 Lifetime Customer Value — p. 79

Ch. 10 Les deux étapes — p. 83

Ch. 11 Une offre irrésistible — p. 91

Ch. 12 Garantir tout — p. 101

Ch. 13 Les bonus — p. 109

Ch. 14 Témoignages — p. 113

Ch. 15 Parce que la publicité ne vend pas — p. 119

Ch. 16 Rédacteur ou faites-le vous-même? — p. 129

Ch. 17 Le courrier — p. 133

Ch. 18 Graphiques et typographies — p. 137

Ch. 19 Le copywriting — p. 145

Ch. 20 La Headline — p. 167

Ch. 21 Comment tester — p. 177

Ch. 22 Augmenter la valeur d'achat client — p. 183

Ch. 23 Taux de réponse — p. 187

Ch. 24 Taux de remboursement — p. 191

Ch. 25 Augmenter les réponses — p. 195

Ch. 26 Centres d'appels — p. 199

Ch. 27 Télémarketing — p. 203

Ch. 28 Publicité à la télévision — p. 205

Ch. 29 Publicité radiophonique — p. 209

Ch. 30 Le "suck out" — p. 211

Ch. 31 Employés — p. 217

Ch. 32 Les 3 façons de grandir — p. 229

Ch. 33 Éviter la prison — p. 239

Ch. 34 Imitations — p. 245

Bonus 1 Pêcher — p. 253

Bonus 2 Perdre 48 millions en Un Jour — p. 255

La bibliothèque du millionnaire — p. 263

Note — p. 265

CHAPITRE 1

La Meilleure Entreprise du Monde

Avant de lire ce chapitre, prends un stylo et une feuille de papier.

Ce sont les deux outils principaux dont tu auras besoin.

Si tu ajoutes le stylo... la feuille... ce livre... et une simple idée de produit ou de service... cela pourrait littéralement valoir des centaines de millions de dollars.

Les entreprises traditionnelles comme les boutiques de détail, les usines, les restaurants, etc., exigent de plonger tête première, risquant presque tout ton argent avant de gagner un centime... et ce qui est pire, c'est que tu ne sauras pas si tu réussiras avant d'avoir risqué la plupart de ton argent, si ce n'est tout... si tu es assez chanceux pour avoir de l'argent pour démarrer.

Comme si cela ne suffisait pas, ces entreprises traditionnelles ne peuvent pas t'offrir la croissance rapide forcée et les profits fous du merveilleux business dont parle ce livre.

Un business qui te permet de commencer petit et, seulement après avoir eu une preuve scientifique et une idée validée et rentable, d'investir graduellement de plus en plus d'argent. Dans la plupart des cas, tu réinvestiras les profits.

L'entreprise dont je parle dans ce livre te permet de t'enrichir même quand 99 sur 100 prospects ne veulent pas de ton produit.

Je parle du business du Direct Response.

C'est une activité qui te permet de découvrir très rapidement si tu as un succès ou non... généralement dans les 30 jours. La plupart du temps, tu peux le découvrir avec 2 000 dollars ou moins.

Tu n'as besoin d'aucune compétence spécifique dans le produit que tu prévois de vendre. J'ai fabriqué et vendu des clubs de golf sans jamais y avoir joué une seule fois. J'ai fabriqué et vendu des vitamines, sans être scientifique ou docteur. C'est la beauté de cette activité.

Enfin, même si tu es maintenant assis dans ton studio infesté de cafards... dès que tu crées la lettre parfaite, vendant le produit parfait, aux personnes parfaites, au prix parfait, et au moment parfait de leur vie... tu peux être en possession d'une propriété intellectuelle évaluée à plus de 100 millions de dollars ! Et il ne faudra que 7 à 10 jours après avoir envoyé tes lettres pour savoir comment les choses se passent. Vraiment.

Le business de la Réponse Directe n'est pas une nouveauté. Ben Franklin avait même un catalogue par correspondance ! Il y a beaucoup de livres disponibles qui peuvent te dire tout sur le direct response... ou la vente par correspondance, comme certains l'appellent. Mais ce que je veux t'enseigner, c'est comment je le fais moi, parce que je le fais un peu différemment.

Pour l'instant, nous nous concentrerons uniquement sur l'envoi de messages de vente pour un produit à une liste de diffusion qualifiée. Plus tard, nous parlerons de la publicité dans les magazines et des spots publicitaires à la télévision et à la radio.

En 2000, j'ai eu une idée pour un complément alimentaire. En fait, je n'ai même pas eu l'idée moi-même.

J'ai vu un produit vendu dans les magasins d'aliments naturels pour 60 dollars. Je pensais que c'était un produit à succès qui n'était pas commercialisé correctement, il était enfoui sur les étagères arrière du magasin... donc j'en ai acheté une bouteille pour moi.

En général, il est préférable de vendre des produits qui ne peuvent pas être trouvés dans les magasins... mais étant donné que celui-ci était si mal positionné, je pensais pouvoir le vendre mieux par réponse directe.

La bonne chose à propos des compléments alimentaires, c'est que les fabricants ne peuvent pas breveter les ingrédients qu'ils utilisent. Je peux concocter un excellent mélange d'herbes et dépenser des centaines de milliers de dollars en études cliniques, puis, il suffit que quelqu'un lise la liste des ingrédients sur le côté de la bouteille - ce qui doit légalement y figurer... et ils peuvent me copier instantanément.

Donc, fondamentalement, je peux prendre une bouteille de n'importe quoi que je trouve dans le magasin de vitamines et aller chez n'importe quel fabricant local de vitamines qui me la produira pour une fraction des 60 dollars à laquelle elle sera vendue dans les magasins !

Pas besoin de recherches. Pas besoin d'études cliniques (si l'autre entreprise en a déjà parrainé une ou s'il y en a une dans les nombreuses revues médicales). Tu peux avoir ton propre complément alimentaire de marque pour quelques dollars par bouteille.

Mais revenons à mon complément alimentaire. J'ai été plutôt surpris quand j'ai vu ces pilules annoncées et vendues pour 60 dollars alors que je pouvais les produire pour 2 dollars (ou même moins) en grande quantité !

J'ai inventé un nom pour mon "nouveau" produit et j'ai fait faire les étiquettes pour les bouteilles par le fabricant de pilules. Voilà ! Mon complément alimentaire de marque déposée en moins d'une semaine !

Ensuite, j'ai rédigé une lettre de vente pour ce produit et j'ai trouvé quelques listes de diffusion auxquelles envoyer les lettres de vente.

Parfois, il est plus facile de trouver un produit en regardant les différents types de listes de diffusion disponibles sur le marché. Par exemple, au lieu de penser à un nouveau produit à vendre, regarde tous les différents types de listes de diffusion disponibles et leurs tailles, puis adapte un produit à la liste.

Bref, les pilules étaient vendues pour 60 dollars dans ma lettre, et rappelle-toi, je les produisais pour 2 dollars. Il en coûtait 1,50 dollar pour les expédier au client, y compris l'enveloppe à bulles.

Je faisais payer 6,95 dollars pour l'expédition et la gestion : cette taxe couvrait le compte du numéro vert, le salaire de l'employé aux commandes, les frais d'expédition, la commission pour le traitement de la carte de crédit... et couvrait également le coût de production des pilules !

C'est totalement légal de faire ça. C'est pourquoi cela s'appelle frais d'expédition et de gestion. Tu peux demander ce que tu veux pour la "gestion"... même si ton client sait que cela coûte seulement 2 dollars pour expédier sa commande et que tu lui as fait payer 5 dollars... la différence est la taxe de gestion.

Donc, fondamentalement, quand un client m'appelait et commandait ces pilules pour 60 dollars, plus 6,95 dollars pour l'expédition et la gestion... tous les 60 dollars du prix de vente étaient du pur CTO. CTO signifie Contribution to Overhead.

Le CTO est le bénéfice net après avoir payé pour les biens vendus.

De ce CTO, tu dois encore payer pour la publicité, les frais postaux, les employés, etc.

Cependant, quand j'ai testé ce nouvel complément sur un petit nombre de listes de diffusion, j'ai été agréablement surpris. Voici ce qui s'est passé : à l'époque où j'ai testé ce produit, les frais postaux coûtaient 370 dollars pour mille timbres.

Il en coûtait 100 dollars pour obtenir les mille noms à qui envoyer les lettres de vente.

Environ 100 dollars supplémentaires pour imprimer et mettre sous enveloppe les mille lettres de vente que nous avons envoyées aux noms présents sur ces listes.

Quand tout est dit et fait, il est raisonnable de supposer que cela coûtera 600 dollars pour envoyer 1000 lettres de vente à des groupes qualifiés de clients potentiels.

Étant donné que mon produit est vendu à 60 dollars... je garde tous les 60 dollars, car le coût de production du produit est couvert par les frais d'expédition et de gestion.

Le bon sens dirait que lorsque j'envoie 1000 lettres pour 600 dollars... j'ai besoin d'au moins 10 commandes pour équilibrer et récupérer mes dollars publicitaires.

Disons que mon produit était une nouvelle pilule pour maigrir.

Maintenant, disons que les listes de diffusion auxquelles nous envoyons nos lettres de vente sont composées de personnes qui ont acheté des pilules pour maigrir dans le passé, donc nous savons qu'elles sont des prospects idéaux.

Ok, nous envoyons notre nouvelle incroyable pilule pour maigrir à 1000 personnes qui ont réellement acheté la pilule pour maigrir de quelqu'un d'autre par courrier récemment.

Sur ces 1000, combien penses-tu qu'ils commanderaient notre pilule ? Certains diraient 250 sur 1000. Je dirais qu'ils sont fous. Certains diraient 100. Eux aussi sont fous.

Imaginons que 98% des personnes à qui nous envoyons nos lettres jettent notre message de vente directement à la poubelle... Disons que seulement 2% de nos prospects décident d'acheter notre nouvelle, super pilule pour maigrir. Faisons un peu de mathématiques.

Deux pour cent de 1000 lettres font 20 commandes. Souviens-toi, j'ai dit plus tôt que nous avions besoin d'au moins 10 commandes pour équilibrer. Puisque nous avons reçu 20 commandes, nous avons juste doublé notre argent... mais ce n'est pas la meilleure partie.

Lorsque j'ai vendu mon complément, j'ai été étonné de voir que chaque client a acheté en moyenne 4,4 bouteilles au cours des 6 mois suivants. Ce chiffre s'appelle LCV ou Lifetime Customer Value. Je vous en parlerai plus en détail plus loin dans ce livre.

Cependant, quand un client pensait acheter une bouteille de pilules de moi pour 60 dollars... en réalité, il dépensait 180 dollars dans les six mois suivants. Il ne le savait pas... mais d'après les données statistiques que j'ai recueillies des clients passés, j'étais bien conscient de la valeur de chaque client.

Quand tout a été dit et fait, chaque client valait 180 dollars en CTO. Revenons aux 2% qui ont acheté à partir de mon message de vente.

Nous avons 20 commandes à 180 dollars. Cela fait

3600 dollars en CTO pour chaque 1000 lettres de vente que j'envoie.

Ça coûte 600 dollars pour envoyer 1000 lettres, donc nous pouvons dire en toute sécurité ; je gagnerai 3000 dollars pour chaque 1000 lettres que j'envoie. Cela fait 3 dollars par lettre en moyenne.

Que se passera-t-il lorsque tu testeras une pilule pour maigrir ou un sérum anti-rides en utilisant la liste d'envoi de Victoria's Secret qui a 900 000 NOMS FRAIS par mois ? Peux-tu vraiment gagner 2,7 millions de dollars à partir d'une seule liste ? Absolument !

Et cet exemple était pour l'envoi de lettres de vente à une seule liste d'envoi ! Il y a beaucoup de façons de vendre des produits via la Réponse Directe. Tu peux vendre des produits via la publicité dans les magazines, des lettres de vente par courrier direct, des spots radio, des spots télévisés... des infopublicités de longue durée... des termes de recherche sur internet... le télémarketing... et beaucoup d'autres dont nous parlerons dans ce livre.

Je les ai tous utilisés... mais seulement quelques-uns sont ceux qui fonctionnent vraiment bien.

Fondamentalement, ton annonce ou lettre de vente, ou annonce radio ou télévisée, c'est la vente multipliée. Tout cela s'appelle la publicité.

Oublie toutes les choses sophistiquées que les agences publicitaires de Madison Avenue disent à leurs clients. Dans une compétition tête à tête, dollar contre dollar, les techniques de réponse directe comme celles que tu apprends dans ce livre surpasseront toujours les trucs sophistiqués que ces gars-là produisent.

Peux-tu sortir avec une idée à des millions de dollars ? J'espère bien que oui. Ce que je peux faire, c'est te dire quel type de produits tu dois créer pour que ce business fonctionne pour toi. Et une fois que tu as cette idée gagnante... il n'y a pas de meilleur ensemble d'outils que tu peux obtenir que ce livre pour te montrer comment extraire chaque goutte d'argent de ton idée.

CHAPITRE 2

Produits et Arithmétique

Dans ce chapitre, nous parlerons des types de produits et de services qu'il est préférable de promouvoir via la réponse directe.

Je ne me soucie pas vraiment de ce que je vends... tant que cela se vend avec profit. Pour moi, le produit que j'offre est juste un moyen d'atteindre un but. Je suis dans ce business pour faire des profits, de préférence de gros profits, et je vous conseille de faire de même.

Naturellement, les meilleurs produits à vendre sont vos propres produits. Vous avez besoin de grandes marges dans ce business et vendre le produit de quelqu'un d'autre ne vous permettra jamais d'obtenir les grandes marges nécessaires pour couvrir les dépenses publicitaires.

Il est beaucoup plus facile de produire son propre produit de marque. Vous devez avoir des marges bénéficiaires proches de 100% ; cela signifie que le coût des biens doit être compensé dans les frais d'expédition et de gestion que vous facturez à vos clients.

Mon ami et mentor, Gary Halbert, dit que la chose la plus importante pour vendre avec la réponse directe est d'avoir une foule affamée.

Pour qu'un produit de réponse directe fonctionne bien, vous devez avoir des prospects avec des niveaux de passion élevés.

Les golfeurs sont fous... les personnes qui ont besoin de perdre du poids sont désespérées, les personnes qui veulent s'enrichir dans un certain type d'entreprise sont avides. De plus, j'ai appris que les gens ne paieront pas un centime pour prévenir un problème... mais donneraient leur vie pour sa solution. Vraiment.

Essayez de préférer les produits qui mènent à des ventes continues. Un produit consommable est excellent, car comme vous le découvrirez dans ce business, il est 10 fois plus facile de faire réordonner les clients satisfaits que de continuer à attirer de nouveaux clients, et les énormes profits arrivent généralement avec le back end... c'est-à-dire les ventes continues.

Voici un moyen rapide de voir si votre idée a une chance de succès avant de dépenser une once de votre temps et un centime de votre argent pour la tester : tout est une question d'arithmétique.

Votre produit doit être vendu pour plus de 50 dollars. Aujourd'hui, il est si difficile de réaliser un profit avec une vente unitaire de moins de 50 dollars. Même si vous vendiez une vidéo pour 19,95 dollars et que vous pouviez garder tous les 19,95 dollars. Faisons un peu de mathématiques.

Vous vendez cette vidéo pour 19,95 dollars via des lettres de vente de réponse directe. Vous avez besoin de 600 dollars de commandes pour chaque 1000 lettres que vous envoyez. Pour atteindre le seuil de rentabilité, vous avez besoin que 3% de vos prospects achètent. Pour gagner de l'argent sérieusement, vous avez besoin que 6% achètent, ce qui n'est pas du tout probable.

Peut-être, si vous pouvez faire acheter 3% de la liste et c'est une vente mensuelle récurrente, avec une nouvelle vidéo chaque mois, peut-être pouvez-vous le faire fonctionner... mais même alors, 3% est un nombre élevé.

La plupart des offres de réponse directe obtiennent des commandes de 1% à 2%.

Voici quelques chiffres optimaux que j'essaie d'atteindre avec tout projet que je teste.

Disons que j'ai une pilule que je peux vendre pour 59,95 dollars et tous les 59,95 dollars sont du profit pur. Tout ce que j'ai à obtenir en réponse (commandes) est de 1%. C'est réaliste.

Maintenant, disons que chaque client achète en moyenne 4 flacons chez vous dans les mois à venir. Disons que les trois flacons supplémentaires qu'ils achètent coûtent 39,95 dollars dans un envoi automatique. Le LTV (Lifetime Value) du client serait d'environ 180 dollars.

Si vous obtenez 1% d'achats, vous regardez dépenser 60 dollars pour "acquérir" le client en dépenses publicitaires. Quand le client vaut 180 dollars, vous restez avec un retour de 300% sur votre dollar publicitaire. C'est réaliste.

Vous devriez chercher à promouvoir des produits qui sont des solutions à des problèmes que vos clients potentiels sont désespérés de résoudre.

Comment pouvez-vous découvrir le produit magique à vendre ? J'aime faire une liste. D'un côté, j'aime écrire les désirs des gens. De l'autre côté, j'écris les problèmes que les gens ont.

Si j'écris 20 désirs et 20 problèmes, je peux généralement me diriger dans la bonne direction.

Une autre tactique que vous pouvez utiliser est de vous rendre à votre bibliothèque locale et d'aller à la section de référence pour chercher un livre appelé SRDS Direct Marketing List Source.

Ce livre est la Bible dans le business de la réponse directe. Il sort tous les 60 jours et liste les listes d'adresses disponibles sur le marché à louer.

C'est le seul endroit légitime où les propriétaires de listes d'adresses font la publicité de leurs listes pour l'utilisation par des marketeurs comme vous et moi.

Ce que vous pouvez faire, c'est vous asseoir avec ce livre énorme et simplement le parcourir. Regardez les différents types de listes disponibles.

Il pourrait être plus facile pour vous, en tant que débutant, d'adapter un produit à une liste d'adresses ou à un groupe de listes d'adresses.

Prenons un exemple. Disons que vous avez assemblé un cours sur les Ventes de Titres Fiscaux Immobiliers. Peu importe si vous n'êtes pas un "expert" des Titres Fiscaux... vous pouvez le devenir en faisant des recherches sur le produit.

C'est l'un des plus grands défis que les gens rencontrent lorsqu'ils commencent dans ce business. Ils pensent ne pas être "qualifiés" pour vendre certains types de produits. Mais où est-il écrit que vous devez avoir un diplôme d'expert ? Une telle chose n'existe pas !

Revenons au cours. Il consisterait en quelques CD et peut-être un annuaire des États qui organisent des Ventes de Titres Fiscaux.

Pour créer cet annuaire, tout ce que vous avez à faire est de commander le cours de quelqu'un d'autre et de copier les informations de l'annuaire qu'ils offrent. Je ne pense pas qu'ils "possèdent" les adresses, les sites web et les numéros de téléphone des États qui proposent des Ventes de Titres Fiscaux... n'est-ce pas ?

Maintenant, pour ce qui est des CD... ce que vous pouvez faire est de commander quelques cours différents sur ce sujet et simplement prendre des notes sur les problèmes importants dans chacun des cours... et quand vous avez fini... assemblez simplement tout ce que vous avez rassemblé en un seul super paquet que vous pouvez appeler le vôtre !

Vous pouvez également localiser quelques "experts" en Ventes de Titres Fiscaux et les appeler pour voir s'ils vous permettent d'acheter une heure de leur temps au téléphone. Posez-leur toutes les questions que vous auriez si vous entriez dans ce business. Enregistrez tout et transformez simplement ces cassettes en CD.

Fournissez-vous des informations d'expert à vos

clients ? Absolument.

Ce cours devrait coûter environ 8 dollars à produire. Cela inclura la duplication des CD, l'impression de l'annuaire et l'étui pour tout maintenir en place. Ce que vous feriez ensuite est d'obtenir les listes d'adresses d'entreprises et les listes d'abonnés de magazines d'opportunités d'affaires.

Ce que vous ferez après est de concevoir votre offre. Un bon prix pour un tel cours serait de trois paiements par carte de crédit de 59,95 dollars, plus 9,95 dollars pour l'expédition et la gestion.

Les 9,95 dollars couvriront le coût de production des CD, de l'annuaire, de l'étui et, bien sûr, les frais d'expédition réels pour livrer le produit à votre client.

En pratique, tous les 59,95 dollars x 3 sont à vous de garder comme profit net. Si vous obtenez 1% d'achats... vous vous en sortez bien. Si vous obtenez 2% d'achats... vous vous en sortez très bien.

Disons que vous avez appris à écrire des lettres de vente d'un vrai professionnel (haha)... et que vous avez obtenu que 2% de vos clients potentiels achètent ce cours d'immobilier. C'est réaliste car vous ciblerez uniquement les personnes qui s'abonnent à des magazines d'affaires... et les personnes qui ont montré un intérêt pour les opportunités car elles en ont acheté dans le passé.

2% achètent à 59,95 dollars x 3... cela fait 179,85 dollars. Vous avez obtenu 20 commandes pour les 1000 lettres que vous avez envoyées. Cela équivaut à 3597 dollars de ventes brutes. Lorsque vous soustrayez les 600 dollars qu'il vous a coûté d'acquérir ces 20 commandes, il vous reste 2997 dollars de profit net pour chaque 1000 lettres que vous avez envoyées.

Supposons que vous ayez envoyé votre lettre aux abonnés du magazine ENTREPRENEUR, qui obtient 50 000 nouveaux noms par mois... et supposons que vous avez testé deux autres listes d'adresses d'acheteurs d'opportunités pour un total de 200 000 clients potentiels à qui envoyer cette lettre sur l'Immobilier.

Maintenant, 200 000, c'est 200 milliers. Vous feriez 2 997 dollars multipliés par 200. Nous parlons de 599 400 dollars de profit chaque mois !

Vous garderiez la majorité du profit. Les coûts qui érodent vos profits sont les remboursements des clients... qui ne dépasseront pas 10% dans la plupart des cas... Vous devrez payer quelques employés pour répondre aux appels... payer la facture d'électricité, etc. Si vous obtenez 599 400 dollars de profit... il est raisonnable de supposer que vous pourrez mettre environ 500 000 dollars dans votre poche à dépenser comme vous le souhaitez, chaque mois !

Ce cours sur l'Immobilier n'avait pas de back end à revendre... mais vous pouvez considérer les paiements échelonnés comme votre back end... parce que vos prospects ne penseront pas payer 179,85 dollars pour le cours... dans leur esprit, ils paient 59,95 dollars... trois fois.

Mais cela ne devrait pas vous empêcher de tester des produits de back end de toute façon.

Vous pourriez assembler une newsletter... des

cassettes vidéo d'un séminaire... etc.

Une autre considération lorsque vous cherchez un produit est combien de voies existent pour vous de faire de l'argent.

S'il n'y a qu'une liste d'adresses et qu'elle n'a que 2 500 noms frais ajoutés par mois, ce produit n'est probablement pas une grande opportunité.

Si aucune liste n'a même une chance de fonctionner pour vous, il y a probablement une bonne raison à cela - personne ne veut acheter ce type de produit.

S'il n'y a pas de publications, ou que les publications sont plus petites que 50 000 circulations payées chaque mois ou tous les deux mois, envisagez un autre produit.

Lorsqu'il s'agit de sélectionner un produit à vendre, vos options sont infinies... tant que les chiffres fonctionnent et qu'il y a des gens à qui vous pouvez le promouvoir. Vous devez faire vos calculs. Si vous avez besoin de plus de 2% pour atteindre le seuil de rentabilité et si vous n'avez pas un back end tueur... ou si vous ne parvenez pas à localiser une grande liste d'adresses ou des listes dans l'SRDS... oubliez l'idée, peu importe combien vous pensez qu'elle est bonne.

Une autre chose que je recherche dans un produit à commercialiser est qu'il doit être petit et facile et bon marché à expédier au consommateur. Je pense que les ordinateurs sont le pire produit à vendre via la réponse directe. Ils sont énormes. Ils sont lourds. La marge bénéficiaire sur eux est pratiquement nulle.

Et le pire, c'est qu'ils perdent de la valeur très

rapidement ! Je ne pourrais jamais être dans un business comme celui des ordinateurs... mais le business des logiciels, c'est une autre histoire !

C'est bon marché à copier. C'est léger à expédier. Vous pouvez vendre des mises à jour vers de nouvelles versions.

Ce que je vous dirais de faire, c'est de garder les yeux ouverts pour les produits que vous avez achetés dans le passé qui correspondent aux paramètres expliqués dans ce chapitre. Voyez si vous pouvez créer votre propre version de celui-ci. Vous n'avez pas besoin d'être un expert ou d'avoir une "qualification" que vous auriez pu penser nécessaire.

Rendez vos produits faciles à créer. N'inventez pas quelque aspirateur robotique qui nécessitera des milliers de dollars en développement.

Voici quelques idées :

1. Un instructeur de karaté crée une série de vidéos montrant comment même un faible peut donner des coups de pied puissants.

2. Un cours vidéo sur comment draguer des femmes indépendamment de vos finances, de votre apparence ou de votre nationalité.

3. Un sérum anti-rides qui comble les rides vous faisant paraître 10 ans plus jeune en seulement 60 secondes.

4. Une pilule qui augmente naturellement la taille des seins d'une femme... sans le risque ou le coût de la chirurgie d'implant.

5. Un expert en paris sportifs offre un accès à son site web spécial pour 39,95 dollars par mois révélant ses pronostics.

Il n'y a vraiment pas de limite... tant que la liste d'adresses ou le magazine est là pour faire de la publicité et que les calculs sont bons.

Si vous pensez vraiment avoir un excellent produit et qu'il vous coûtera 75 dollars à réaliser, et que vous pensez pouvoir le vendre pour 300 dollars, plus 25 dollars de frais d'expédition et de gestion - même si cela va à l'encontre des principes que j'enseigne dans ce chapitre... si vous êtes vraiment convaincu - vous pouvez essayer.

Vous gagnerez entre 225 et 240 dollars de profit net par commande... et devinez quoi ? Si vous obtenez 1% d'achats... vous gagnerez 2250 à 2400 dollars de profit net pour 1000 lettres envoyées. Lorsque vous soustrayez les 600 dollars pour les lettres de vente... vous restez quand même avec 1650 - 1800 dollars pour chaque 1000 lettres.

Je connais beaucoup de gens qui ne se plaindraient pas de ces chiffres. Et nous n'entrons même pas dans le débat sur le back end que ce produit peut ou ne peut pas avoir.

Alors, s'il vous plaît... RIEN N'EST GRAVÉ DANS LA PIERRE. Les découvertes se font uniquement en brisant les règles.

Un autre obstacle que vous pourriez rencontrer est la peur de ne pas être "assez bon" pour créer un produit et le vendre comme le vôtre. Si vous êtes un golfeur, et que vous êtes sur le point de créer des vidéos et que vous vous inquiétez que les vrais "grands" golfeurs se moqueront de vous... oubliez ça. Plus de 90% des golfeurs ne parviennent pas à atteindre 100 coups et pour la plupart, ils sont simplement des amateurs.

Ou que dire si vous créez un produit que vous ne pensez pas être à la hauteur de vos hauts standards... Je ne m'inquiéterais pas trop non plus, mais permettez-moi de clarifier un peu. Vous devriez toujours viser à vendre et/ou créer le meilleur produit possible, mais parfois cela ne peut tout simplement pas arriver.

Les raisons peuvent être que, pour atteindre un certain point de prix, vous devez économiser sur certaines parties clés... ou utiliser une qualité inférieure. Il n'y a qu'une seule personne qui a le droit de vous dire que votre produit est nul... et c'est votre client.

Si plus de 10% de vos clients demandent un remboursement, peut-être devriez-vous enquêter sur le problème et essayer de le résoudre... mais même si vous ne le pouvez pas, plus loin dans ce livre, je vous dirai comment garder autant de clients que possible.

Il n'y a rien de mal à vendre un produit inférieur et je serai probablement le seul marketeur direct assez courageux pour vous le dire par écrit.

Si vous êtes en dessous de 10% de remboursements et si vous ne trompez pas vos clients dans les messages publicitaires... alors vendez, vendez, vendez !

Considérez cela et souvenez-vous :

Celui qui a des compétences en marketing

supérieures fera toujours des millions de dollars de plus avec un produit moyen que quelqu'un avec un produit bien supérieur et peu ou pas de compétences en publicité.

CHAPITRE 3

Quand une promotion explose

Depuis 1994, j'ai vendu toutes sortes de produits via la réponse directe - des clubs de membres en gros pour l'électronique grand public... des logiciels informatiques... des livres et des cassettes "faites-le vous-même"... de la cire premium pour voiture... tout ce que vous pouvez imaginer, je l'ai vendu... mais j'ai eu mon plus grand succès avec les compléments alimentaires.

Au fil des ans, j'ai eu des gens qui essayaient de me convaincre de me lancer dans le secteur des compléments alimentaires... mais je n'ai jamais été vraiment enthousiaste à l'idée de ce type de produit - à moins qu'il ne soit radicalement différent.

Quelque chose de radicalement différent est arrivé quand ma petite amie m'a parlé d'un produit que sa coiffeuse prenait et que toutes les femmes dans le salon étaient désireuses d'essayer. Je ne vais pas entrer dans les détails de ce que faisait le produit... parce que ce n'est pas important pour le moment.

Cependant, le produit dont elle me parlait prétendait faire des choses surprenantes. J'étais un peu sceptique, mais quand j'ai fait des recherches sur le site web du marketeur de ce produit, j'ai vu qu'ils avaient réalisé une étude clinique prouvant que leur produit tenait ses promesses.

J'ai cherché ce produit dans différents magasins de vitamines sans succès. Finalement, j'ai dû aller dans un autre état pour acheter ce truc ! Il coûtait la somme rondelette de 60 dollars pour un approvisionnement d'un mois.

Ma petite amie était aussi très intéressée à essayer ce complément pour elle-même. C'est un avantage lorsque vous décidez d'un produit à commercialiser… si vous ou votre conjoint(e) voulez passionnément l'essayer… il y a de bonnes chances que d'autres ressentent la même chose.

Donc, avant même de penser potentiellement à commercialiser ce type de produit, je devais voir de mes propres yeux que ma petite amie obtenait le résultat souhaité que le produit prétendait donner.

En quelques semaines, nous avons tous les deux remarqué que le produit faisait effectivement ce qu'il prétendait faire… et le faisait aussi bien que le disait leur étude clinique. Ce produit commençait à m'enthousiasmer de plus en plus.

À ce stade de ma vie, je n'avais jamais commercialisé ou produit de compléments alimentaires, donc j'étais un peu perplexe quant au processus de fabrication. Je pensais que, puisque ces choses coûtaient 60 dollars en magasin, elles devaient coûter au fabricant entre 8 et 15 dollars à faire… je me trompais !

En parlant avec un fabricant de vitamines local, j'ai

découvert qu'il connaissait le produit et avait déjà un "mélange maison" avec les mêmes ingrédients prêt à l'emploi. Tout ce que nous avions à faire était de faire créer quelques étiquettes par un graphiste et de les coller sur les bouteilles.

Mais je dirais que la meilleure partie de cette découverte était que ces pilules... l'ensemble d'un approvisionnement d'un mois... dans une bouteille... avec une étiquette collée dessus, coûtait seulement 2 dollars par bouteille lorsque je les achetais par lots de 1000... et ce prix baisserait encore plus lorsque nous commanderions en plus grandes quantités.

À ce stade, ce produit avait quatre choses en sa faveur...

C'était un produit consommable - Nos clients auraient besoin de commander une nouvelle bouteille chaque mois s'ils voulaient continuer à voir les bénéfices que ce produit offrait.

Il était bon marché à produire, mais avait une haute valeur perçue - Je pouvais fabriquer une bouteille pour deux dollars... et je pouvais la vendre pour 60 dollars. Et sur ces 60 dollars, je pouvais garder 100% de cela puisque je récupérais les 2 dollars de production dans le coût d'expédition et de gestion que le client paierait !

Il était petit et économique à expédier. Je pense qu'à l'époque, le bureau de poste nous facturait 1,87 dollar pour expédier une bouteille dans une enveloppe à bulles. Je facturais 6,95 dollars pour couvrir l'expédition et la gestion (S/H), donc le coût pour acheter l'enveloppe, le coût de la poste, le coût du produit lui-même, était tous couverts par cette taxe. Et ces bouteilles sont petites, donc elles ne nécessitaient pas un énorme entrepôt pour les stocker. Vous pourriez facilement mettre 2000 bouteilles dans une boîte de voiture.

Les femmes avaient un gros problème avec ce que ce produit faisait... et il n'y avait qu'un autre produit sur le marché à ce moment-là qui offrait de l'aide pour ce problème. Et comme je le disais plus tôt, le marketing de cet autre produit était terrible.

Alors, ce que j'ai fait à ce moment-là, c'était de mettre la main sur 1000 bouteilles de mon "nouveau" produit. En réalité, je ne les ai pas "achetées" ; je les avais juste réservées auprès du fournisseur.

Je me suis assis à mon tout nouveau (à l'époque) iMac orange et j'ai commencé à taper. J'ai écrit une très bonne lettre de vente et trouvé trois listes d'adresses que je pensais valoir la peine d'être testées en premier.

J'ai fait imprimer 9000 lettres de vente et commandé les trois listes d'adresses. Je testerais 3000 noms de chaque liste. Il est possible de tester avec seulement 1000 lettres, mais comme j'étais déjà un marketeur établi... 3000 c'était presque économe.

Une chose à retenir : pour que les résultats de réponse d'un test soient valides... vous devez recevoir au moins 20 commandes. Donc, si votre objectif était d'obtenir 1% d'achats... vous devriez envoyer au moins 2000 lettres. La clé de ce business est de tester en petit puis d'élargir en plus grandes quantités. Si vous envoyez 2000 lettres et obtenez une réponse de

2,4%, vous regardez 48 commandes. C'est suffisant pour dire scientifiquement que dans un déploiement plus large vous obtiendrez entre 2,2% et 2,6%. Si vous deviez envoyer 500 lettres et obtenir 12 commandes (toujours 2,4%)... les 12 commandes NE sont PAS suffisantes pour évaluer scientifiquement le taux de réponse d'un déploiement plus large.

Revenons à mon histoire.

J'ai envoyé 9000 lettres à 3 listes de 3000 noms chacune. Toutes les 9000 ont reçu la même lettre exacte.

J'avais un dispositif de codage (dont je parlerai plus tard), qui me disait de quelle liste d'adresses les commandes provenaient.

Les commandes ont commencé à arriver, et j'aime toujours assister aux tests... car ils sont le fondement d'une promotion à millions de dollars. Vous voulez vous assurer que tout est en place. Une fois, j'ai considéré comme un échec une lettre de vente vendant des clubs de golf parce que je n'avais reçu aucune commande d'un mailing de test. Peu savais-je, nous avions le mauvais numéro 800 sur la lettre. La lettre avec le bon numéro de téléphone a été un succès.

Les premières commandes ont commencé à arriver. Je me souviens vivement d'une dame qui disait combien elle s'identifiait à l'auteur de la lettre de vente... et comment cela l'avait presque fait pleurer. Elle a sorti immédiatement sa carte de crédit. J'ai trouvé cela plutôt amusant. Je suppose que c'est alors que vous savez que vous êtes un bon rédacteur publicitaire. Bien sûr, j'ai reçu de nombreuses commandes, mais la réponse finale ne m'a pas beaucoup impressionné...

Je m'attendais à obtenir 2% d'achats... c'était bien moins.

La liste #1 n'a obtenu que 10 commandes et j'avais besoin de 30 pour atteindre le seuil de rentabilité.

La liste #2 n'a obtenu que 15 commandes et j'avais besoin de 30 pour atteindre le seuil de rentabilité.

La liste #3 a obtenu 30 commandes et a atteint le seuil de rentabilité.

C'est pourquoi vous devez tester différentes listes d'adresses... vous pouvez avoir un succès sur une liste... et un désastre sur une autre liste... même si en théorie ce sont le même type de personnes sur elles ! La logique n'existe pas dans ce business et même des professionnels expérimentés comme moi échouent parfois à obtenir suffisamment de commandes.

Donc nous avions une liste qui a atteint le seuil de rentabilité. Beaucoup de marketeurs directs disent qu'atteindre le seuil de rentabilité représente 90% du succès. Maintenant, vous devez améliorer la promotion.

Nous avons essayé de vendre aux clients des quantités plus importantes de bouteilles. Au lieu d'acheter juste une bouteille pour 60 dollars immédiatement... nous avons essayé de les faire commander 4 bouteilles pour 139,95 dollars... mais cela n'a pas bien fonctionné.

Dans le business des compléments alimentaires, nous

avons découvert qu'il est difficile de vendre aux femmes plusieurs bouteilles à l'avance - même à un prix réduit parce qu'elles sont sceptiques que ce produit fonctionnera pour elles... donc nous sommes passés au Plan B.

J'étais découragé que les ventes additionnelles n'aient pas fonctionné. Mais j'avais une idée pour inscrire automatiquement les clients dans un Club de Clients Privilégiés où ils auraient droit à des approvisionnements futurs avec une réduction de 20 dollars, et je suis allé de l'avant en disant qu'ils recevraient ces approvisionnements futurs automatiquement. J'ai formulé cela comme si c'était tout à leur avantage... alors que, oui, ils obtenaient une réduction... mais j'avais un contrat ouvert avec eux.

Si une femme essaie un supplément, même si elle pourrait ne pas vouloir acheter 4 bouteilles à l'avance... quand ces pilules ou crème ou quoi que ce soit prouvent qu'elles fonctionnent, elle sera en file, te suppliant de prendre son argent pour un nouvel approvisionnement le mois suivant.

Voici le texte de mon paragraphe :

"Si vous faites partie des 200 premiers à commander, vous recevrez l'ADHÉSION GRATUITE à notre Club de Clients Privilégiés où vous aurez droit à recevoir une réduction complète de 20 dollars sur toutes vos futures bouteilles de (nom du produit). Et pour ne pas passer un jour sans (nom du produit) dans votre système, vous recevrez automatiquement une nouvelle bouteille tous les 30 jours et votre carte de crédit sera débitée du Prix Membre du Club de 39,95 dollars plus 6,95 dollars de S/H - pas le tarif de 59,95 dollars que les non-membres doivent payer. Il n'y a pas de quantité minimum de bouteilles à acheter et vous pouvez annuler à tout moment. Le numéro à appeler est le 1-800-123-4567, et vous pouvez appeler 24 heures sur 24, 7 jours sur 7."

L'ajout de ce paragraphe était la seule différence par rapport à la lettre de vente initiale qui a atteint le seuil de rentabilité. J'ai commandé un autre lot de noms frais chez le courtier en listes et j'ai fait imprimer ces nouvelles lettres avec le paragraphe magique. Nous avons envoyé 3000 lettres et avons croisé les doigts.

Voyez-vous, alors qu'un back end est un must dans ce business... un "auto-expédition" rend le back end 100 fois plus rentable. Remarquez comment le paragraphe a été formulé comme si je leur faisais une faveur en m'assurant que leur nouvelle bouteille était là à temps. Bien que cela soit vrai, ils obtenaient l'expédition automatique et un prix réduit... j'étais le vrai gagnant, car je pouvais facturer automatiquement leur carte de crédit chaque mois jusqu'à ce qu'ils appellent et me disent d'arrêter. C'est super rentable et absolument légal à faire.

Cependant... revenons à ce qui s'est passé quand j'ai envoyé les 3000 lettres de vente avec ce paragraphe ajouté.

J'ai instruit nos opérateurs de ne pas mentionner le Club de Clients Privilégiés à moins que l'appelant ne demande des informations à ce sujet. Dans la lettre, ils n'auraient pas pu trouver le numéro 800 s'ils n'avaient pas lu le paragraphe ajouté parce que j'ai inclus le numéro 800 dans ce paragraphe ajouté. La raison pour laquelle je ne voulais pas que nos opérateurs mentionnent le Club de Clients Privilégiés était que si quelqu'un appelait pour commander et ne posait pas de questions à ce sujet, mes mots dans la lettre faisaient la bonne quantité de vente. Si ce club était un dissuasif, ils n'auraient jamais appelé pour commander... ou ils auraient au moins demandé s'ils pouvaient choisir de ne pas participer au club, ce qu'une petite pourcentage a fait. Et non seulement tout cela, mais je ne voulais certainement pas qu'un opérateur "vende à la baisse" ce que j'avais fait dans la lettre. Quand vous envoyez ces lettres de vente en grandes quantités... vous ne pouvez pas répondre à tous les ordres vous-même. Vous aurez des étrangers qui répondent au téléphone qui ne savent pas parler de certaines choses aussi bien que vous pourriez le faire.

Alors les nouvelles commandes ont commencé à arriver... et nous n'avons rien mentionné concernant le Club de Clients Privilégiés. La première appelante a passé sa commande et a raccroché... seulement pour rappeler immédiatement. J'ai entendu notre opérateur dire "Club de Clients Privilégiés"... et j'ai pensé en moi-même... "Ah... elle rappelle pour choisir de ne pas participer au club." Une fois que l'opérateur a raccroché, je suis allé la voir et lui ai demandé pourquoi la dame rappelait. J'ai presque eu une crise quand elle m'a dit... la dame a rappelé et a dit...

"ÉTAIS-JE L'UNE DES 200 PREMIERS APPELANTS ? JE SUIS DANS LE CLUB DE CLIENTS PRIVILÉGIÉS, N'EST-CE PAS ?"

Ces femmes voulaient réellement faire partie du club ! Eh bien, eh bien, eh bien !

Après quelques mois, j'ai vérifié combien de mois (bouteilles) ces femmes continueraient à prendre mon complément. La moyenne était de 4,4 mois.

Je l'ai arrondi à 4 mois. Donc, elles appelaient et commandaient une première bouteille à 50 dollars, puis je leur envoyais 3 autres bouteilles dans les 90 jours suivants pour 40 dollars chacune. Comme il me coûtait 50 dollars pour amener la vente initiale de 50 dollars (à l'équilibre)... les trois ventes de 40 dollars s'additionnaient à 120 dollars... ce qui représentait un retour de plus de 300% sur mon dollar publicitaire initial. Où d'autre pouvez-vous obtenir un ROI mensuel de 300%... C'est un ROI annuel de 3600%... et la promotion est juste à l'équilibre... pas l'un de mes plus grands succès !

J'ai continué à construire une base de données d'auto-expédition de 10 000 femmes qui recevaient ce produit mensuellement pour un chiffre d'affaires annuel de plus de 5 millions de dollars ! Si je n'avais testé qu'une seule liste d'adresses... je n'aurais pas découvert celle qui a atteint l'équilibre... Si je n'avais pas pensé au Club de Clients Privilégiés... je n'aurais pas découvert que je pouvais encore réaliser 300% de ROI.

J'ai réussi à monter ce produit jusqu'à 10 000 ventes par mois, en amenant seulement 2 500 nouveaux clients chaque mois à partir d'une liste de 25 000 personnes dont je tirais 1% d'achats. Les 2 500 clients recevaient en moyenne 4 bouteilles au total... donc 2 500 multiplié par la durée de vie du client de 4 mois, nous arrivions à 10 000 ventes mensuelles.

Bien que ce produit était bon - me faisant gagner, à moi et à mon associé à 50%, 10 000 dollars par semaine chacun... ce n'était qu'un tremplin pour mon prochain complément alimentaire.

Cette fois, j'ai pensé à essayer de faire un complément que les hommes achèteraient. Après tout... je suis un homme et peut-être que je pourrais écrire une meilleure lettre parce que je sais vraiment ce qu'ils ressentent... alors que je ne pouvais que me baser sur ce que les femmes me disaient ressentir quand j'ai écrit la dernière lettre.

J'ai fait développer par mon fabricant de vitamines un mélange d'herbes pour moi - cela n'a rien coûté, car je produirais les pilules à travers eux.

J'ai écrit la lettre de vente. C'était essentiellement la même offre que j'avais pour le premier complément... la première bouteille pour 59,95 dollars plus 6,95 dollars de frais d'expédition et de gestion et ensuite ils seraient automatiquement inscrits à mon Club de Clients Privilégiés et recevraient des expéditions mensuelles automatiques.

J'aurais été heureux si ce produit avait produit la même réponse à l'équilibre que le premier pour les femmes... car ce produit avait 10 fois plus de listes sur lesquelles atteindre l'équilibre... obtenant ainsi un plus grand nombre de membres du club sur l'auto-expédition.

J'ai envoyé la lettre à quatre listes différentes en quantité de 3 000 chacune... Liste #1 : Magazine Maxim, Liste #2 : Magazine Playboy, Liste #3 :

Acheteurs du catalogue Adam & Eve et Liste #4 : Acheteurs du catalogue "masculin" de Frederick's of Hollywood.

Les résultats finaux 30 jours plus tard étaient surprenants...

Liste #1 : Nous avions besoin de 30 commandes pour atteindre l'équilibre... nous en avons obtenu 60 !

Liste #2 : Nous avions besoin de 30 commandes pour atteindre l'équilibre... nous en avons obtenu 60 !

Liste #3 : Nous avions besoin de 30 commandes pour atteindre l'équilibre... nous en avons obtenu 90 !

Liste #4 : Nous avions besoin de 30 commandes pour atteindre l'équilibre... nous en avons obtenu 90 !

Ces chiffres étaient phénoménaux... mais le plus incroyable était que j'ai aussi réussi à faire acheter en moyenne 4 bouteilles aux clients via le Preferred Customer Club ! Chaque client valait pour nous 180 dollars et chaque test de 3 000 noms nous coûtait seulement 1 800 dollars en frais d'expédition ! Faites le calcul.

À un certain point, nous arrivons à faire presque 1,2 million de dollars de profit par mois !

Mais ce n'était rien.

J'ai immédiatement placé des publicités dans toutes les magazines masculines... des annonces pleine page... et toutes ont produit le même rapport de profit que le mailing direct (environ 6 fois)... puis je suis passé à trois pages de publicités dans chaque magazine et toutes ont produit un rapport ventes à coût publicitaire de 600% encore une fois.

J'ai placé ce produit dans des spots radio de 60 secondes. Nous obtenions un retour de 600% sur notre coût publicitaire.

J'ai placé ce produit dans des spots TV de 60 secondes. Nous obtenions un retour de 600% sur notre coût publicitaire.

Nous avons fini par dépenser 1,25 million de dollars par mois en publicité TV, radio, magazines, Internet et mailing direct. Nous avons ramené à la maison 7,5 millions de dollars de ventes... plus de 4 millions de ces derniers étaient de l'argent que moi et mon associé avons partagé à 50%. Oui, je faisais environ 24 millions de dollars par an. Il a fallu seulement 24 mois pour amener l'entreprise à cette taille. J'ai commencé avec les 9 000 lettres de test qui m'ont coûté 5 400 dollars en frais d'expédition.

J'ai réinvesti mes profits. Je n'avais pas de capital-risqueurs. Je n'ai pas vendu d'actions. Je n'ai pas pris d'argent de mes économies pour construire cette entreprise. C'était entièrement autofinancé.

Quand une de ces promotions "explose"... vous serez étonné de ce que cela fait de ressentir cela.

CHAPITRE 4

Les listes de diffusion

Dans ce chapitre, nous couvrirons probablement la partie la plus importante du succès ou de l'échec du mailing direct.

Une excellente lettre de vente, vendant un excellent produit à une liste médiocre, ne fonctionnera jamais aussi bien qu'une lettre médiocre, vendant un produit médiocre à une liste CHAUDE.

S'il y a un moyen de se faire arnaquer dans ce business, c'est l'un des quatre endroits où cela se produira - sur les listes d'adresses (je couvrirai tous les quatre en détail plus tard, les trois autres sont : chez l'imprimeur, à la Poste, ou dans les déclarations de circulation de magazines non vérifiées).

Cependant... pour l'instant, nous parlons des listes d'adresses, donc continuons.

Tout d'abord, ne considérez jamais une liste d'adresses si elle n'est pas répertoriée dans le SRDS Direct Mail List Source. Si vous envisagez de tester l'une de ces entreprises de listes d'adresses annoncées dans Entrepreneur Magazine ou Small Business Opportunities Magazine... je vous suggérerais de sauver votre argent et de rester concentré sur le SRDS. Les autres listes d'adresses sont généralement très mal compilées et croyez-moi - d'après mon expérience, je n'ai jamais réussi à les faire fonctionner, et je ne connais personne qui ait réussi.

Il existe différents types de listes d'adresses :

1. Il y a les listes d'ACHETEURS : Ce sont des listes composées de personnes réelles qui ont acheté auprès de l'entreprise. La liste des acheteurs du catalogue de Victoria's Secret est une liste de toutes les personnes qui ont acheté dans leur catalogue, et vous pouvez les sélectionner par date. Les noms des 12 derniers mois, des 6 derniers mois, des 3 derniers mois, même les HOTLINES pour les acheteurs du dernier mois. Les listes d'acheteurs sont les listes d'adresses les plus puissantes à louer.

2. Il y a les listes d'ABONNÉS : Ces listes sont ce qu'elles disent être... des abonnés à une magazine... ou à une newsletter. Bien que ces listes soient excellentes, et qu'elles soient parmi les plus grandes listes, elles sont moins puissantes que les véritables listes d'"acheteurs"... en partie parce que les abonnements sont vendus de nombreuses manières. Abonnements vendus par mailing direct, abonnements vendus par concours (type Maison de l'Édition Clearing House), abonnements gratuits de 3 mois... abonnements avec paiement différé, etc. Évidemment, les meilleurs abonnés sont ceux VENDUS PAR MAILING DIRECT. Donc, si je le peux, parfois je supprime tous les abonnés

VENDUS PAR CONCOURS des listes que je teste.

3. Il y a les listes COMPILÉES : Ces listes sont les moins puissantes des trois, mais parfois j'ai réussi à les faire fonctionner pour moi. Les listes compilées sont composées de données recueillies de quelque manière et organisées. Il y a des années, une entreprise RL POLK (maintenant propriété d'EQUIFAX) avait une liste compilée que j'ai testée et qui a fonctionné pour moi DEUX FOIS sur deux offres séparées. Cette liste était compilée via des cartes de garantie. Vous savez, quand vous achetez un ordinateur et que la carte de garantie pose un million de questions et vous vous sentez obligé de répondre à chaque question sinon votre garantie pourrait être annulée... eh bien, ces données allaient directement à RL POLK.

J'ai une approche assez systématique pour louer des listes d'adresses. Voici comment je procède :

1. Je veux les grandes HOTLINES. Je veux savoir que je peux compter sur un flux frais de prospects chaque mois pour mes lettres de vente.

2. J'aime tester UNIQUEMENT des entreprises et/ou des magazines dont j'ai effectivement entendu parler. Si la liste vient d'une entreprise dont vous n'avez jamais entendu parler... Je ne dis pas de ne pas les utiliser... je dis de ne pas les tester en premier.

3. J'aime les listes d'adresses où les clients ont payé cher pour y entrer... possiblement plus que ce que je vends mon produit. Vous verrez cette statistique listée dans la partie AVG. UNIT SALE de la datacard. C'est une autre raison pour laquelle les listes d'abonnés ne sont pas aussi efficaces que les listes d'acheteurs... les abonnements aux magazines sont bon marché - généralement sous les 20 dollars.

Mais j'ai aussi gagné la plupart de mon argent à partir des listes d'abonnés et cela pour au moins deux raisons. Les listes d'abonnés de magazines sont généralement énormes. Je préfère gagner un dollar sur un million de noms plutôt que de gagner quatre dollars sur 25 000 noms... n'est-ce pas ? Il y a une différence entre puissant et rentable.

La plupart des livres sur le mailing direct vous diront de garder à l'esprit les lignes directrices RFM lorsque vous sélectionnez une liste d'adresses. Je pense qu'il vaut la peine de les examiner.

R F M

Recency (Récence)

La récence est l'aspect le plus important. Cela indique à quel point le nom est récent sur la liste. Les gens ont tendance à acheter par vagues. Vous voulez les attraper alors qu'ils sont dans cette vague d'achat. Cela peut durer 30 jours... cela peut durer 6 mois. Plus le nom est récent, mieux c'est. C'est là que la logique échoue parfois. Vous pourriez penser que si quelqu'un a acheté une pilule pour maigrir le mois dernier... il ne serait pas prêt à essayer votre marque avant au moins deux mois. Mais ça ne fonctionne pas comme ça. La même logique s'applique aux chercheurs d'opportunités. Vous pourriez penser que si quelqu'un a acheté un livre sur comment faire de l'argent le mois dernier... il n'en achèterait pas un autre sur le même sujet pendant quelques mois, mais ça ne se passe pas comme ça. S'ils ont acheté une pilule pour maigrir le mois dernier... vous aurez plus de facilité à leur vendre une autre pilule 4 semaines après qu'après 12 mois.

Frequency (Fréquence)

La fréquence est le deuxième critère en importance. La fréquence signifie combien de fois ce client particulier a acheté. Les multi-acheteurs sont deux fois plus susceptibles d'acheter à nouveau par rapport à ceux qui ont acheté une seule fois. Donc, plus ils ont acheté, plus ils sont susceptibles de le refaire.

Monetary (Monétaire)

C'est le moins important des trois, mais cela reste pertinent. Le critère monétaire indique combien ce client a dépensé pour être sur cette liste. Vous aurez évidemment plus de facilité à essayer de vendre votre produit à 60 dollars à une liste de clients qui ont tous payé 500 dollars pour acheter quelque chose, plutôt que d'essayer de vendre le même produit à 60 dollars à une liste de personnes qui ont dépensé 10 dollars pour acheter le produit qui les a fait entrer dans la liste d'adresses.

En résumé, la compréhension et l'application des principes RFM dans le choix des listes d'adresses peuvent grandement influencer le succès de vos campagnes de marketing direct. Choisir une liste avec des noms récents (Recency), des clients qui achètent fréquemment (Frequency), et qui dépensent plus (Monetary) peut augmenter significativement vos chances de succès.

CHAPITRE 5

Publicité dans les magazines

Savoir à l'avance si faire de la publicité dans un magazine particulier vous fera gagner ou perdre de l'argent est fondamentalement tout ce qui compte.

Lorsque je vous ai dit de sélectionner une liste d'adresses puis d'adapter un produit à celle-ci... je ne recommanderais pas de faire de même avec la publicité dans les magazines.

Si vous testez un nouveau produit, acheter des espaces publicitaires dans les magazines pour tester peut être bien plus coûteux que de tester quelques milliers de lettres de vente par la poste... et la réponse que vous recevrez du mailing direct arrivera beaucoup plus rapidement que les résultats d'une publicité dans un magazine, puisqu'il faudra trois mois depuis le moment où vous envoyez votre matériel jusqu'à ce que vous voyiez votre publicité sur les étagères des magasins.

Mais, je pense toujours qu'il est beaucoup plus simple de faire "fonctionner" la publicité dans les magazines par rapport aux lettres de vente... pour une simple raison : la liste d'adresses que vous sélectionnez est une variable énorme pour votre succès. Je dirais qu'il y a 40% à 50% de chances que la liste d'adresses que vous sélectionnez fasse échouer votre test. Il est plus facile de se faire arnaquer ou simplement de louer la mauvaise liste d'adresses par rapport à choisir une mauvaise publication pour faire de la publicité.

Il est très possible d'envoyer 3000 lettres de vente et de ne recevoir aucune commande ! J'ai envoyé un test de 4000 lettres il y a quelques mois et je n'ai reçu aucune foutue commande !

D'autre part... tant que vous faites de la publicité dans un magazine que vous pouvez réellement trouver sur les étagères des kiosques à journaux... je suis sûr que vous recevrez au moins quelques commandes. Le truc est de voir si vous pouvez obtenir plus d'argent en commandes que ce que vous devez dépenser pour acheter l'annonce.

Restez à l'écart des Nouveaux Magazines

Si un magazine de diffusion générale est nouveau et n'a pas été en vente depuis au moins un an, je ne ferais pas de publicité dedans. Je parle de magazines comme FHM, MAXIM, COSMO, etc.

Si vous avez un produit lié à un marché de niche comme les stéréos de voiture et qu'un nouveau magazine de stéréo de voiture est lancé, je dirais que cela vaut la peine de tester car ce magazine est un magazine "spécialisé". Les personnes qui l'ont pris en kiosque étaient probablement des passionnés de stéréo de voiture. Et ce n'étaient pas juste des gars quelconques qui prenaient une copie de EDGE... une imitation de MAXIM.

Maintenant, si vous voulez vraiment tester un certain nouveau magazine... voici la seule façon de le faire :

Dites au représentant publicitaire que vous êtes sceptique parce qu'ils sont nouveaux. Demandez à faire tourner votre annonce gratuitement et, si cela fonctionne, vous leur donnerez un contrat complet de 12 mois. S'ils ne sont pas d'accord... oubliez-les.

Coût pour Mille (CPM)

Tout l'espace publicitaire dans les magazines est vendu sur une base CPM. C'est ainsi que nous, les professionnels, évaluons ce pour quoi nous payons l'espace. Je vous dirai... dans les années 90, je pouvais acheter des annonces pleine page dans des magazines comme MOTOR TREND pour 10 dollars pour mille. Aujourd'hui (2005), si vous arrivez à négocier dur et à payer 20 à 30 dollars pour mille, vous avez bien fait.

Voici comment calculer le CPM : les magazines comptent combien d'abonnés et combien de ventes en kiosque ils obtiennent pour un seul numéro. Disons qu'ils ont 500 000 ventes en kiosque et 500 000 abonnés. Cela signifie qu'ils ont 1 million de circulation payée.

Rappelez-vous le mot CIRCULATION PAYÉE. De toute façon, ils ont un million de personnes qui achètent le numéro. Si vous deviez insérer une annonce pleine page dans leur magazine, vous voudriez payer pas plus de 20 000 à 30 000 dollars pour chaque million de lecteurs payants.

Si vous avez une annonce pleine page qui fonctionne très bien pour vous dans la Publication A et que vous payez 25 $/M pour une annonce pleine page... lorsque vous allez faire de la publicité dans la Publication B... vous voudrez payer 25 $/M ou moins.

Essayez toujours de payer moins. Moins vous payez, plus vous pouvez garder d'argent, et c'est le nom du jeu.

Circulation Vérifiée

Les magazines peuvent mentir sur leur circulation. Beaucoup de nouvelles publications le font. Pour permettre aux entreprises d'évaluer équitablement les différents magazines où faire de la publicité, il existe deux auditeurs de circulation tiers que les magazines engagent pour valider leurs chiffres de lecteurs. ABC est celui par lequel la plupart des magazines sont vérifiés.

Ce que fait cette entreprise, c'est fouiner dans les chiffres du magazine. Tout magazine qui prétend avoir plus de 250 000 de circulation payée et n'a pas d'audit ABC est peu crédible.

Les chiffres réellement importants à regarder sur la feuille d'audit rose sont les abonnés payants et les ventes au kiosque payées. Additionnez ces deux-là, puis évaluez votre CPM à partir de ce décompte.

L'Arnaque du "Lectorat Total"

Cette arnaque est amusante et je déteste les magazines qui essaient de me la faire, voici de quoi il s'agit. Le Magazine A prétend avoir 500 000 lecteurs. Le mot clé est "lecteurs". La plupart des annonceurs supposeraient que le magazine vend 500 000 copies par numéro. FAUX !

Si vous avez la chance d'avoir un magazine qui vous parle de leur total "lecteurs"... dites-leur que c'est bien... mais vous êtes intéressés par combien de DIFFUSIONS PAYANTES ils ont par numéro.

La DIFFUSION PAYANTE est le seul nombre qui vous intéresse. Quand vous posez cette question, le Magazine A, qui se vantait de 500 000 lecteurs, devra vous dire qu'ils vendent 100 000 copies chaque mois, mais une enquête qu'ils ont réalisée dit que leurs magazines sont lus par 4 autres personnes, en plus du gars qui l'a acheté à l'origine. C'est aussi appelé le lectorat "pass-along".

Peu importe comment vous l'appelez, c'est une arnaque. Le CPM doit être basé UNIQUEMENT sur la circulation payée réelle.

Fréquence

Les magazines sortent à toutes les fréquences. Certains sortent chaque mois... certains tous les deux mois... certains chaque trimestre... certains CHAQUE SEMAINE ! Voici ce que je peux vous dire sur la fréquence.

Une annonce dans un magazine doit rapporter un

profit avant que le prochain numéro ne sorte. Les mensuels et les bimestriels sont bons. Tout le reste est soit trop rapide soit trop lent pour récupérer les dollars publicitaires et réaliser un profit.

Rapport entre Kiosque et Abonnés

Les magazines devraient avoir un équilibre 50/50 entre abonnés et ventes au kiosque. Si un magazine a trop d'abonnés par rapport aux ventes au kiosque, votre publicité va "s'épuiser" plus rapidement puisque la base est statique - les abonnés sont les mêmes lecteurs chaque mois, tandis que les ventes au kiosque pourraient ne pas l'être... de plus, un acheteur au kiosque doit réellement se lever et aller acheter le magazine chaque mois. Vous pouvez être sûr qu'il le lira de la couverture à la dernière page. Un abonné reçoit un numéro par courrier... il a payé beaucoup moins pour le magazine par rapport à ce qu'a payé l'acheteur au kiosque... l'abonnement pourrait avoir été un cadeau de quelqu'un d'autre... il pourrait même ne pas vérifier sa boîte aux lettres pendant des mois. Les lecteurs au kiosque sont de meilleure qualité.

Cherchez un 50/50... et si il y a un pourcentage plus élevé de ventes au kiosque, c'est bon. Mais, comprenez que si un magazine est à 90 % abonnés et à 10 % kiosque, votre publicité pourrait s'épuiser plus rapidement.

À droite et le plus haut possible

Quand vous placez une annonce, assurez-vous toujours d'obtenir une page à droite... et demandez à être le plus haut possible. Mais assurez-vous définitivement d'obtenir une page à droite. S'ils veulent de l'argent supplémentaire pour cela... cherchez une publication différente où faire de la publicité... à moins qu'ils ne vous offrent quand même un CPM exceptionnel.

Vous obtiendrez de meilleurs résultats si vous êtes sur le côté droit du magazine.

Si vous faites une annonce plus petite qu'une page entière, vous voudrez quand même qu'elle soit sur la page de droite et le plus haut possible.

Publicité Fractionnée

Peut-être que vous n'avez pas encore assez d'argent pour placer des annonces pleine page, et c'est ok. Vous pouvez placer des annonces fractionnées. Ces annonces sont d'1/3 de page... 1/2 page... 2/3 de page... voire 1/12 de page.

Voici ma théorie. Je préférerais avoir une annonce pleine page dans un magazine avec une circulation moindre plutôt qu'une annonce plus petite dans une publication plus grande.

Rappelez-vous, vous devez encore vendre quelque chose dans votre annonce. La plupart des produits ont besoin d'une page entière s'ils prévoient de vendre directement depuis la page.

Si vous faites des annonces fractionnées, optez pour une 1/2 page verticale plutôt qu'une 1/2 page horizontale... essayez de garder l'annonce dans le coin supérieur droit de la page. Si vous essayez de vendre votre produit directement depuis la page... vous aurez besoin d'au moins une annonce de 1/2 page.

Négociation du Coût de l'Annonce

Voici quelques moyens éprouvés pour faire baisser les prix avec l'éditeur. Tout d'abord, dites au représentant publicitaire que vous êtes votre propre agence de publicité interne. Ces mots vous feront économiser 15 % immédiatement. Les agences de publicité obtiennent 15 % de commission sur toutes les annonces. De plus, assurez-vous de leur dire que vous êtes un annonceur à réponse directe. Cela pourrait vous obtenir un tout nouveau tarif qui sera jusqu'à 25 % plus bas. La raison est simple. Les éditeurs savent que si vous êtes un annonceur par correspondance, vous compterez les ventes de votre annonce. Les annonceurs généraux ne font pas cela, donc l'éditeur sait qu'il peut en profiter. L'agence de publicité de l'annonceur général ne s'inquiète pas trop de cela, car ils gagnent une commission de 15 % sur le coût total de l'annonce que l'entreprise fait tourner. Plus le magazine facture, plus l'agence gagne en commissions.

Les agences de publicité sont inutiles. En fait, une fois que vous avez fini de lire ce livre, vous pourriez probablement aller à Madison Avenue à Manhattan et créer de meilleures annonces que 75 % de celles produites par ces poulets dans leurs bureaux luxueux en haut de la ville.

Une autre technique que vous pouvez utiliser pour baisser le prix du tarif publicitaire est de dire que vous voulez la remise pour "paiement anticipé", s'ils en ont une. Ainsi, vous pourriez économiser un 3 % supplémentaire.

En outre, dites à l'annonceur que vous voulez le tarif pour 12 insertions. Évidemment, si l'annonce fonctionne pour vous, vous continuerez à publier de plus en plus d'annonces dans le magazine, non ? Si ça se passe mal, vous n'êtes pas obligé de publier d'autres annonces - même si vous aviez dit que vous en feriez 11 autres.

Aucun magazine ne m'a jamais poursuivi pour avoir rompu un contrat si je n'ai pas annoncé le reste de mes 11 mois.

Quand vous additionnez et utilisez toutes ces techniques... vous devriez être en mesure de réduire de 50 % le prix du tarif pour une seule insertion.

Les Doubles Pages, C'est Nul !

Les doubles pages sont des annonces sur deux pages, une à gauche et une à droite. Elles ont l'air sympa et vous font vous sentir bien parce que votre annonce est deux fois plus grande, donc elle doit être deux fois plus puissante... mais ce n'est pas le cas. Laissez-moi vous expliquer.

Le succès dans ce business, que ce soit dans le mailing direct ou dans les annonces spatiales, consiste juste à faire voir et lire votre annonce. Une double page n'attire pas 100 % de lecteurs en plus... et pourtant elle coûte 100 % de plus. Avec une double page, vous avez de la chance si vous attirez 50 % de lecteurs en plus - à cause de sa taille supplémentaire... mais vous êtes toujours bloqué à payer 100 % de plus.

Si le texte de votre annonce publicitaire s'étend sur une autre page... mettez votre première page à droite... puis la seconde page au dos de la première page. De cette manière, vous pouvez attirer un lecteur potentiel sur deux tours de page différents... et si un lecteur veut arracher votre annonce, tout ce qu'il a à faire est d'arracher la page et il a le devant et le dos de votre annonce en une seule fois ! En faisant votre annonce sur deux pages de cette manière, au lieu d'une double page, vous pourriez obtenir 200 % de commandes en plus pour 200 % de coût publicitaire en plus... avec cela, vous pouvez vivre ! JAMAIS, JAMAIS, JAMAIS faire une double page. Elles n'ont jamais fonctionné pour moi.

Qu'est-ce Qu'une Annonce de Magazine, Vraiment

Une annonce de magazine est essentiellement votre lettre de vente formatée pour ressembler à un article du magazine. Une annonce de magazine n'est pas censée être élégante. Elle ne doit pas du tout ressembler à une "annonce". Vous voulez "emprunter" un peu de crédibilité à la publication, alors assurez-vous que votre annonce imite le format éditorial de la publication. Et pour ne pas avoir le mot PUBLICITÉ en haut en caractères de 20 points... lorsque vous créez l'annonce... demandez au graphiste d'insérer le mot, "Advertorial" ou "Special Advertorial" en haut ou en bas. Si vous ajoutez ces mots à l'avance, l'éditeur n'aura pas à le faire lui-même... et à sa manière... qui sera évidemment, plus grande que nécessaire.

Les gens lisent et font confiance aux magazines. Vous obtenez automatiquement un peu de crédibilité juste parce que votre annonce est dans le magazine... mais vous pouvez obtenir une crédibilité supplémentaire en faisant ressembler votre annonce à une page du magazine.

Il a été prouvé que 500% de personnes en plus lisent des annonces au style éditorial par rapport aux annonces flashy, brillantes, lisses... et rappelez-vous - ce business est avant tout axé sur le fait de faire voir votre message aux clients potentiels. Avoir 5 fois plus de personnes lisant votre annonce vous apportera probablement cinq fois plus de commandes.

Condenser

Lorsque vous écrivez votre annonce, vous pourriez rencontrer un petit problème où il y a trop de texte et pas assez d'espace. Au lieu d'acheter une autre page et au lieu de supprimer un texte de vente potentiellement puissant, ce que je vous conseille de faire, c'est de réduire la taille du texte. Si vous avez un lecteur intéressé, il lira une police de 8 points si nécessaire. Paradoxalement, une annonce qui semble encombrée apparaît comme si elle avait quelque chose d'important à dire au lecteur.

Circulation Contrôlée

Plus tôt dans ce chapitre, nous avons parlé de la circulation payée. Certaines revues, surtout les PUBLICATIONS SECTORIELLES, ont ce qu'on appelle une CIRCULATION CONTRÔLÉE.

Cela signifie que les lecteurs n'ont pas payé pour leurs abonnements, mais ont tous dû se qualifier d'une manière ou d'une autre pour recevoir le magazine. Une revue sectorielle pourrait aller à 100 000 comptables. Pour obtenir ce magazine, vous devez être comptable. Si vous êtes comptable et que vous avez demandé cette revue, vous l'obtiendrez gratuitement.

Maintenant, les annonceurs paient un peu plus pour ces magazines à circulation contrôlée puisque l'éditeur ne gagne rien de leurs lecteurs... leur seule source de revenu vient des annonceurs - donc ils doivent demander un peu plus.

Je n'ai jamais eu de succès notable en faisant de la publicité dans une revue sectorielle. En partie parce que je m'en tiens généralement seulement au marketing de masse grand public. Honnêtement, je ne peux pas vous dire grand-chose d'autre sur les publications à circulation contrôlée ou sur mes succès ou échecs avec elles, car je ne les ai pas beaucoup explorées.

Restez en Noir et Blanc

Les annonces en couleur coûtent plus cher. Les annonces en noir et blanc sont moins chères. Le travail initial de votre annonce est de se démarquer des autres annonces. Les annonces en noir et blanc se démarquent, obtiennent une meilleure réponse et coûtent moins cher. La couleur est bonne si l'éditeur vous l'offre gratuitement... sinon, je ne paierais jamais un centime pour une annonce en couleur. De plus, si vous allez utiliser votre "couleur gratuite"... utilisez-la avec parcimonie. Sérieusement.

Tout le Monde a des Yeux

Une chose que je déteste dans la publicité dans les magazines, c'est que les plagiaires et autres individus louches regardent votre annonce si vous la publiez mois après mois. Faites-moi confiance, si vous êtes assez chanceux pour obtenir une annonce gagnante, dès que vous l'avez publiée trois ou quatre fois, vous pourriez voir certains plagiaires copier votre idée et la publier dans les mêmes pages du magazine. Ils pourraient même aller jusqu'à cibler votre prix, votre offre, ou votre garantie et ensuite avoir l'audace de se vanter de la façon dont la leur est supérieure. Donc, non seulement ils voleront votre idée... mais ils parleront aussi mal de vous en même temps. Maintenant, il y a de nombreuses manières de traiter avec les plagiaires que je couvrirai plus en détail plus loin dans ce livre. Bien que cela soit un inconvénient de la publicité dans les magazines... les annonces dans les magazines sont encore extrêmement puissantes et nécessaires pour réussir dans ce business.

CHAPITRE 6
Créez votre Swipe File

Toute personne à succès dans le domaine du marketing direct possède ce qu'on appelle un "Swipe File". Un swipe file est une collection de publicités et de sollicitations de mailing direct qu'ils apprécient. Même s'ils n'apprécient pas un message de vente particulier, s'ils continuent à le voir annoncé dans les magazines... ou continuent à le recevoir par courrier, ils le collectent, car cela doit fonctionner pour ses propriétaires. Si ces annonces et lettres de vente ne fonctionnaient pas, leurs propriétaires ne continueraient pas à dépenser de l'argent pour les publier ou les envoyer. Quelque chose qui fonctionne vaut toujours la peine d'être collecté et disséqué pour voir ce qui le fait fonctionner.

Si tu vends un produit particulier, il est crucial de collecter tous les messages de vente de tes concurrents. Essaye de les commander tous et vois quels sont leurs up sell... vois quels sont leurs produits de back end. Tu feras les mêmes offres à tes clients.

Au fur et à mesure que tu liras ce livre, tu apprendras à devenir un maître dans la reconnaissance de la grande publicité. Je te montrerai comment reconnaître d'autres marketers avec des compétences suprêmes. Ce n'est pas un business de réinventer la roue à chaque fois.

Par exemple, une entreprise de crème pour la peau pourrait offrir un échantillon gratuit de 14 jours dans leurs annonces. Tout ce qu'ils demandent est que leurs clients couvrent des frais nominaux de livraison et de gestion, qui doivent être payés avec une carte de crédit.

Maintenant, à l'œil nu, tu pourrais penser qu'ils donnent vraiment juste l'échantillon gratuit de leur produit... mais quand tu les appelles réellement et commandes leur échantillon, ils auront un script que l'opérateur te lira. Ça dira quelque chose comme :

"Ton échantillon gratuit de 14 jours de (nom du produit) sera expédié aujourd'hui. Une fois reçu, utilise-le comme indiqué. Si tu n'es pas absolument ravi de ce que (nom du produit) fait à l'apparence des rides et des lignes fines, appelle-nous simplement dans les 14 jours pour nous le dire. Mais si tu es ravi - paraissant 10 ans plus jeune avec notre produit, ne fais rien et un nouvel approvisionnement de 30 jours te sera automatiquement envoyé chaque mois et tu seras facturé seulement 29,95$ plus 4,95$ de frais de livraison et de gestion pour chaque tranche mensuelle. Tu peux annuler à tout moment. Encore une fois, merci d'avoir essayé (nom du produit). Tu devrais recevoir ton tube d'échantillon gratuit de (nom du produit) dans les prochains 10 jours. Encore, merci d'avoir appelé !"

Maintenant, si tu n'avais pas répondu à l'annonce de

ton concurrent, tu n'aurais jamais découvert la méthode derrière leur folie. Une annonce qui offre un échantillon fournira presque toujours plus de commandes que de tenter de vendre le produit directement depuis la page. Tu dois garder un œil sur ce que font les autres dans ton champ lié.

Les grands copywriters reconnaissent une grande copie. Tu dois simplement collecter. Un swipe file est aussi excellent lorsque tu recherches de nouvelles idées ou pour de superbes phrases à utiliser dans tes propres lettres de vente ou publicités.

CHAPITRE 7

Le back end

Le back end, c'est là où tous les vrais grands profits se font. Maintenant, tu n'as pas besoin de forcer tes clients à acheter comme je le fais habituellement avec mes "clubs". Tu peux simplement avoir deux... trois... cinq ou plus de produits de back end à revendre à tes clients. Tu peux les vendre pendant qu'ils sont au téléphone pour commander le produit initial, tu peux inclure une offre de back end dans l'expédition du produit, tu peux revenir et envoyer par courrier à ta liste de clients tous les 30 jours... ou tous les 14 jours... ou même chaque semaine. Tu sais quand arrêter d'envoyer par courrier ? Quand tu arrêtes de gagner de l'argent.

Tes clients ne s'ennuieront pas de recevoir tant de publicité de ta part. Souviens-toi, ils voulaient ton produit... pourquoi ne voudraient-ils pas de produits supplémentaires pour rendre leur achat initial meilleur ou plus gratifiant pour eux ?

J'ai vendu mon premier livre de marketing direct en 1995. J'en ai vendu environ 20 000 exemplaires moi-même via des annonces dans des magazines et des lettres de vente. Alors que les ventes étaient fortes, je faisais juste équilibre. Si je n'avais pas eu un solide back end, cela n'aurait eu aucun sens de faire les annonces initiales.

Voici ce que je faisais : environ une semaine après l'achat, j'envoyais aux clients une lettre de vente leur offrant un produit lié au livre pour 200 dollars. J'en convainquais 5% à acheter. En faisant le calcul, c'est 10 dollars pour chaque lettre de back end que j'envoyais. Souviens-toi, la vente initiale était de seulement 20 dollars, et mon premier produit de back end mettait 10 dollars de plus dans ma poche. Puis, trois semaines plus tard, j'envoyais aux mêmes noms une autre offre. Encore une fois, il s'agissait d'un produit de 200 dollars, mais différent du premier. J'en convainquais un autre 5% à acheter. Voilà 10 dollars de plus dans ma poche. À ce stade, j'avais transformé chaque client qui avait acheté un livre de 20 dollars en un client de 40 dollars. Quelques semaines plus tard arrivait l'offre de back end n° 3. Un autre produit pour 200 dollars. Encore, je convainquais 5%. Maintenant, nous sommes à 30 dollars de back end sur un achat de livre de 20 dollars. Nous sommes à 50 dollars. Quelques semaines de plus et l'offre n° 4 arrivait. Cette fois, il s'agissait d'un produit à 1000 dollars. J'en convainquais 1%... mais comme le produit coûtait 1000 dollars, j'ajoutais encore 10 dollars à mes profits de back end. Maintenant, nous sommes à 60 dollars de ventes par client. Et j'ai continué ainsi indéfiniment. Quand j'ai finalement épuisé les produits liés, je recommençais avec la première, la deuxième, la troisième, etc., offres. Donc, tandis que la plupart des gens se demanderaient pourquoi j'étais ravi de vendre des livres pour 10 000 dollars à partir d'une annonce de 10 000 dollars... je souriais.

Tu vois, dans ce business, la raison principale pour laquelle les gens n'achètent pas de toi est le simple fait qu'ils ne croient pas à ce que tu dis dans tes annonces et lettres de vente. Une fois que tu leur as vendu le produit initial, s'ils sont au moins satisfaits de ce qu'ils ont reçu... ils achèteront de nouveau, et encore... 10 fois plus facilement parce qu'ils te connaissent et te croient plus qu'un "froid" prospect.

Ta liste de clients est l'actif le plus précieux que tu possèdes. Tu peux la revendre encore et encore et elle ne s'épuisera jamais. Je n'essaie même pas de commercialiser des produits à moins qu'ils n'aient un grand potentiel de back end. Les ventes de back end peuvent également provenir de la revente du même produit que tu as vendu en premier, comme dans le cas d'une pilule ou d'une crème...

Si tu as vendu un livre, tu peux offrir un cours avancé sur les principes enseignés dans le livre, tu peux organiser un séminaire pour plusieurs milliers de dollars, tu peux offrir tes services à tes acheteurs de livres sous forme de consulting, tu peux même commercialiser les produits d'autres personnes à ta liste et partager l'argent avec eux ! Mon ami et mentor Jay Abraham appelle cela le marketing "Hôte Parasite". J'entrerai dans ce sujet ci-dessous.

Lorsque tu fais des produits de back end, à l'exception d'un club de livraison automatique où tu dois faire un prix réduit pour le rendre avantageux pour eux... les "kits" de back end devraient coûter de quatre à dix fois le prix de leur achat initial. Ne pas envoyer de lettres de vente offrant aux clients qui ont initialement acheté un produit de 60 dollars un produit de 15 dollars. Tu as déjà gagné leur confiance... donc tu peux leur demander un prix plus élevé.

Souviens-toi, tout cela ne fonctionnera pas si tu vends à tes clients des produits de mauvaise qualité. Si un client a acheté quelque chose chez toi et n'a pas été satisfait, il aura du mal à racheter. Même si ton produit n'a pas besoin de changer leur vie... il doit au moins les satisfaire d'une manière ou d'une autre.

Lorsque le produit de l'expédition automatique est différent à chaque envoi - comme une série de vidéos, tu peux avoir un prix de vente initial plus bas... mais lorsque le produit est le même à chaque envoi - comme une bouteille de pilules... tu dois offrir le prix le plus bas sur les envois futurs, sinon il n'y aura aucun avantage à être dans le club. Si tu vends une bouteille de pilules pour 20 dollars pour attirer beaucoup de clients et puis tu leur dis que tu enverras automatiquement un nouvel approvisionnement chaque mois pour 60 dollars - ils te diront de laisser tomber et commanderont à nouveau comme ils le jugent approprié au tarif initial de 20 dollars. Ils ne feraient pas cela dans le club vidéo... parce qu'ils commanderaient la même vidéo chaque mois au lieu d'une nouvelle puisque les vidéos sont différentes à chaque envoi. Tu saisis ?

Il m'a fallu beaucoup de temps pour réaliser que tu peux devenir très riche, très rapidement avec un produit qui se prête aux ventes de back end... surtout quand le produit est consommable - et tu peux automatiquement renvoyer un nouvel approvisionnement lorsqu'il est terminé.

Il y a quelques minutes, je parlais de la technique "Hôte Parasite" ou "Mailing Endossé" de mon mentor Jay Abraham. Laisse-moi te l'expliquer complètement car c'est une autre technique de back end puissante.

Disons que je commercialise la vente de ce livre.

Si j'allais chez mon ami qui a une newsletter avec des milliers de lecteurs et qu'il me permettait d'envoyer un mail à sa liste d'abonnés, je pourrais obtenir le même 2% à 4% de réponse que j'obtiendrais de n'importe quelle liste ciblée que je teste.

Mais si j'allais chez lui et disais : "Ami, tu as lu mon livre et tu sais qu'il est fantastique. Au lieu d'envoyer moi-même le mail à ta liste d'abonnés, pourquoi ne pas réécrire ma lettre de vente comme si elle venait de toi ? Tu en parlerais bien de mon livre à tes abonnés et nous pourrions faire une sorte de partage des bénéfices ? Je couvrirais encore l'ensemble des coûts d'envoi des lettres de vente, donc il n'y aurait aucun coût pour toi et seulement du profit pur." S'il accepte, au lieu d'obtenir 2% à 4% d'achats de mon livre... je pourrais maintenant obtenir quelque chose comme 10% parce qu'il le sponsorise auprès de ses lecteurs.

Même en cédant une partie des bénéfices à lui, je gagnerais encore beaucoup plus d'argent qu'en promouvant le livre seul.

Et cette technique fonctionne aussi dans l'autre sens. Disons que j'ai vendu 20 000 copies de mon livre via des lettres de vente directe et des publicités dans des magazines et que mon ami veut obtenir plus d'abonnés pour sa newsletter. Il peut venir chez moi, ou je peux aller chez lui et nous pouvons conclure une sorte d'accord où lui ou moi... ou les deux couvrons les coûts de marketing pour envoyer sa lettre de vente à ma liste de 20 000 clients et nous partagerions les bénéfices. Je gagnerais de l'argent sur un produit que je ne possède pas... et il gagnerait de nouveaux abonnés avec un énorme afflux de commandes puisque j'ai écrit la lettre à mes clients leur disant à quel point la newsletter de mon ami est fantastique.

Si tu es un marketeur expérimenté... tu peux faire ce genre d'affaires avec 5 ou 10 produits différents et partager les profits sur tous. Bien sûr, le meilleur cas serait de faire payer à l'autre les coûts de marketing... mais ce n'est pas toujours ainsi... surtout si tu es un inconnu. Quoi qu'il en soit, organise une sorte d'accord sur les tarifs qui permet à tous deux de gagner beaucoup.

Je ne sais pas comment te le dire, si ton produit ou service n'a pas un énorme potentiel de back end... oublie-le à moins que ta réponse initiale ne soit énorme.

Les produits de back end devraient toujours coûter plus cher que l'achat initial qu'ils ont fait- à moins qu'il ne s'agisse du même produit qu'ils achètent encore et encore- comme une bouteille de pilules.

Toute l'astuce de ce business est d'attirer autant de clients que possible au coût publicitaire le plus bas... et puis de revendre plusieurs fois:

- le même produit;
- des versions mises à jour, plus avancées du même produit;

- des produits liés;
- des produits d'autres personnes.

Le seul produit de back end mauvais est celui qui ne réussit pas à rapporter plus de commandes qu'il n'en a coûté pour envoyer les lettres de vente.

CHAPITRE 8
L'auto-expédition

L'expédition automatique est probablement la technique de marketing direct la plus puissante que j'ai découverte dans mes dix années dans ce secteur. Elle a transformé une entreprise qui aurait encaissé 2,4 millions de dollars par mois en ventes en une qui en encaissait 7,2 millions sans dépenser un dollar de plus en publicité. Seuls certains types de produits se prêtent à un accord d'expédition automatique, mais si ton produit le permet... il serait fou de ne pas l'implémenter immédiatement.

Les ventes récurrentes sont excellentes. Nous en avons beaucoup parlé dans un chapitre précédent. Tes clients rachèteront chez toi avec un taux de 5% à 25% environ - selon le produit et leur niveau de satisfaction. Mais l'expédition automatique fait en sorte que chaque client rachète à moins qu'il n'appelle pour dire de ne pas le faire.

L'expédition automatique fait que 90% de tes clients renouvellent leur commande dans les 30 jours. Les dix pour cent restants accepteront ta garantie de satisfaction ou appelleront simplement pour dire de ne pas envoyer une autre expédition. Mais ce 90% qui reçoit une 2e, une 3e, une 4e... etc. expédition te rendra très riche très rapidement.

Quand je fais une promotion d'expédition automatique, j'aime la formuler comme si le client s'inscrivait à un "club"... un club qui les distingue des clients "normaux". Un membre du club a droit à un prix plus bas qu'un client ordinaire ne peut pas obtenir. Il est également sage de leur faire comprendre qu'ils n'ont pas besoin de soulever le téléphone et de commander chaque mois. Si tu le présentes comme si tous les avantages étaient pour le client... ils voudront effectivement que tu les factures chaque mois.

Bien sûr, du point de vue du client... ils se qualifient pour un prix plus bas... et peuvent compter automatiquement sur l'arrivée du produit dans leur boîte aux lettres - même lorsqu'ils sont trop occupés pour t'appeler lorsqu'ils sont à court de produit... mais le vrai bénéfice est pour toi - le marketeur. Tu feras en sorte que chaque dollar en publicité te rapporte 6 dollars de ventes... là où cela te rapporterait seulement 2 dollars sans le club d'expédition automatique.

Y a-t-il des inconvénients ? Bien sûr. Tu dois formuler correctement dans tes annonces et lettres de vente. Si tu ne formules pas correctement, les clients ne sauront pas pourquoi ils reçoivent plus de produits chaque mois et contesteront le prélèvement auprès de leurs compagnies de cartes de crédit.

En outre... si tu formules mal la politique d'expédition automatique, le client verra que tu essaies juste d'obtenir plus de ventes forcées de lui et te dira de ne pas l'inscrire au club.

Tu dois maintenir un certain équilibre dans la formulation du paragraphe d'expédition automatique pour le faire fonctionner. Heureusement pour toi, je vais te donner le paragraphe exact et je te donnerai également la permission de l'utiliser mot pour mot dans ta publicité. Je considère cela comme un paragraphe à 60 millions de dollars.

Le voici :

"Si tu es parmi les 200 premiers à commander, tu recevras l'INSCRIPTION GRATUITE à notre Club Forever Trim où tu auras droit à recevoir une réduction de 20 dollars sur toutes tes futures bouteilles de (nom du produit). Et ainsi tu ne passeras pas un jour sans (nom du produit) dans ton système à détruire les graisses. Tu recevras automatiquement une nouvelle bouteille tous les 30 jours et ta carte de crédit sera débitée au Prix pour les Membres du Club de 39,95 dollars plus 6,95 dollars de S/H - pas le tarif de 59,95 dollars que les non-membres doivent payer. Il n'y a pas de quantité minimale de bouteilles à acheter et tu peux annuler à tout moment. Le numéro à appeler est le 1-800-123-4567, et tu peux appeler 24 heures sur 24, 7 jours sur 7."

Comme tu peux le voir... ce paragraphe fait presque croire que la volonté du client d'obtenir des résultats serait entravée s'ils n'avaient pas le produit dans leur système chaque jour. Cela implique une sorte de peur que, s'ils n'ont pas le produit... ils perdent ce qu'ils ont gagné. Ils veulent te confier la logistique de la livraison pour s'assurer d'avoir toujours suffisamment de produit en stock pour maintenir les résultats actuels et continuer à s'améliorer.

Ce simple paragraphe a transformé une entreprise ordinaire et l'a propulsée vers le statut d'entreprise à neuf chiffres. Utilise-le comme tu le souhaites.

Certains clients se sont plaints que leur carte de crédit était débitée automatiquement. Pour ceux qui le faisaient, j'offrais un paquet spécial de 4 produits qu'ils achetaient à un excellent prix. La plupart de ceux qui ne voulaient pas de la livraison automatique acceptaient le paquet spécial de 4... donc au moins je gagnais plus que les 60 dollars vendus pour une seule bouteille.

C'est drôle, mais nous vendions à 40 000 nouvelles personnes par mois. La bouteille initiale était vendue à 60 dollars. Mais peut-être seulement 5% des clients terminaient l'appel avec une vente de seulement 60 dollars.

Ce que j'aimais avec le club de livraison automatique, c'est que je n'avais pas à inventer des ventes à partir de zéro chaque mois. Ce que je veux dire par là, c'est ceci. Je vendais 160 000 bouteilles de pilules chaque mois. Comme mes clients restaient dans le club de livraison automatique en moyenne pendant 4 mois... j'avais 40 000 personnes qui annulaient leurs envois chaque mois. Pour rester au niveau des 160 000... je n'avais pas besoin de m'efforcer d'obtenir 160 000 nouvelles ventes... je devais juste ramener les 40 000 qui avaient été perdus pour maintenir la même taille.

NOTE

Même si nous n'avons pas encore parlé de garanties de remboursement... je te conseillerais ceci : si tu renvoies un produit tous les 30 jours, je ferais ma garantie pour 30 jours. De cette façon, tu ne te retrouves pas avec un client qui cherche deux crédits en même temps... un pour sa première livraison et un pour la deuxième. Essaie de garder la période de garantie jusqu'à la longueur de la 2ème livraison.

CHAPITRE 9
Lifetime Customer Value

Comme marketeur direct, il est impératif de connaître la valeur de tes clients (LCV pour Lifetime Customer Value).

Évidemment, tu ne seras pas en mesure de "connaître" la valeur à vie de ton client en la devinant simplement. Tu peux calculer ce nombre seulement après quelques mois... ou même un an d'envoi d'offres supplémentaires à tes clients.

Il est important de connaître ton LCV pour établir combien tu peux dépenser pour attirer un nouveau client. Par attirer, je veux dire combien tu peux dépenser en publicité pour chaque nouveau client.

Prenons mon LCV de 180 dollars. Je savais que je pouvais dépenser jusqu'à 180 dollars pour attirer un nouveau client sans perdre d'argent.

Alors, j'étais très satisfait quand je réussissais à attirer 40 000 nouveaux clients par mois en dépensant 1,2 million de dollars en publicité tous les 30 jours.

Si tu prends 1 200 000 dollars et le divises par les 40 000 clients que je réussissais à attirer, tu obtiens 30 dollars. C'est le coût moyen qu'il m'a coûté pour acquérir un nouveau client qui, je savais, dépenserait 180 dollars dans les 4 ou 5 prochains mois.

J'ai calculé mon LCV en revenant à un panel de clients qui n'achetaient pratiquement plus. Il m'a fallu environ six mois pour obtenir une bonne mesure. Je suis retourné six mois en arrière et j'ai mesuré combien ces clients avaient dépensé, puis j'ai divisé le montant brut par le nombre de clients que j'avais mesuré. C'était mon LCV moyen.

Donc, j'avais des informations plutôt bonnes sur le LCV quand je suivais les commandes que je recevais d'une publicité particulière. Si cela me coûtait 45 dollars pour attirer de nouveaux clients... j'étais content, parce que je savais que j'obtiendrais 180 dollars en CTO (Coût Total d'Opportunité).

À mesure que les publicités et les lettres de vente commençaient à diminuer en réponse, je savais que je pouvais continuer à faire de la publicité jusqu'à ce que le coût pour attirer un nouveau client atteigne 90 dollars ou environ. Souviens-toi, ma première vente était de 60 dollars... donc pour le typique entrepreneur, cela semblerait comme si je perdais de l'argent. Et c'était le cas... sur la première vente. Mais je savais que j'avais à venir 180 dollars de chaque client en moyenne dans les mois à venir.

Le LCV est une mesure des ventes brutes que tu feras sur : la vente initiale... les ventes upsell... les offres supplémentaires... les expéditions automatiques chaque centime que ton client dépensera avec toi pendant une période de six mois, un an... ou même deux ans.

Maintenant, des entreprises comme HBO peuvent dépenser plusieurs milliers de dollars pour attirer un nouvel abonné, sachant d'après leurs recherches passées qu'ils gagneront plusieurs milliers de dollars sur les frais mensuels dans les années à venir. Ils pourraient être à l'aise avec le recouvrement de leurs coûts d'acquisition 12... 24... peut-être même 36 mois plus tard.

Mais je ne te conseille pas d'étendre la période au-delà de trois mois ou environ pour récupérer tes dépenses publicitaires. Seules les entreprises financièrement solides peuvent se permettre d'attendre des périodes prolongées pour récupérer leur argent et faire du profit.

Parfois, pour devenir grand... tu dois perdre un peu d'argent sur les ventes initiales. Certes, tu pourrais être en mesure d'obtenir quelques listes de mailing plus petites et des publicités dans des magazines qui paient immédiatement... mais le nombre de clients qu'ils apportent peut être petit. Pour obtenir des milliers de clients chaque mois... tu pourrais devoir expédier à des listes et faire de la publicité qui ne sont pas les plus rentables immédiatement.

Comme je l'ai dit avant... faire des profits initiaux dépend de ton produit/service, de choisir les bons groupes de personnes à qui faire de la publicité... et bien sûr, ta capacité à les persuader avec des techniques de réponse directe comme celles que je t'enseigne.

Plus le produit est désiré... plus tu seras en mesure de tirer profit initialement. Les produits moins désirables coûteront un peu ou beaucoup plus cher en publicité pour réussir à attirer des clients.

Quand je vendais mes compléments alimentaires, après six mois de vente, je suis retourné aux personnes qui avaient acheté le premier mois et j'ai mesuré combien d'entre eux étaient encore clients en auto-expédition... combien avaient annulé... et quand. J'ai additionné tout l'argent que j'ai gagné de tous et je l'ai divisé par le nombre de clients que j'avais ce premier mois.

Au marqueur des six mois... j'ai découvert à partir des données des clients que, depuis le premier mois de ventes, j'ai obtenu en moyenne quatre bouteilles vendues, soit quatre mois. Trois bouteilles à 40 dollars et l'initiale à 60 dollars égalaient 180 dollars. C'était mon LCV.

CHAPITRE 10

Les deux étapes

L'approche en 2 étapes est une méthode pour trouver des clients ciblés pour tes produits :

- Quand tu ne peux pas te permettre de placer de grandes annonces dans des magazines.

- Quand tu as besoin de beaucoup d'espace pour ton discours de vente et que ce serait anticonomique de le faire sur toutes ces pages dans un magazine.

- Quand tu veux opérer en silence... en dessous du radar de tes concurrents et de quiconque d'autre à qui tu veux cacher ton offre.

- Quand il n'existe pas de liste de diffusion et/ou de magazine assez ciblé pour ton produit.

- Quand ton produit est très coûteux, généralement plus de 400 dollars, et qu'il serait difficile de vendre les gens en un seul coup.

- Quand tu commences tout juste et que tu veux rendre le succès aussi facile que possible.

Un 2-step est une annonce que tu places dans un

magazine ou un spot TV ou radio qui offre aux clients potentiels une solution à un désir qu'ils ont dans un rapport gratuit, vidéo, cassette, DVD, etc. qu'ils peuvent demander en appelant un message enregistré sur un numéro 800.

Cela peut être aussi un spot TV ou radio... ou une annonce imprimée qui renvoie les gens sur un site web pour plus d'informations.

Disons que tu vends un produit qui explique aux gens comment acheter des biens immobiliers lors des ventes pour dettes fiscales du gouvernement. Alors que tu peux certainement placer des annonces pleine page pour un cours comme celui-ci dans presque tous les magazines masculins... et l'envoyer à de nombreuses listes de diffusion de chercheurs d'opportunités d'affaires... disons que tu veux faire l'annonce en 2-step.

Donc, tu ferais tourner une petite annonce dans un magazine, habituellement une page 1/12... 1/16... 1/4... ou une annonce de 1/3 de page. Le titre essaiera d'attirer quiconque cherche à gagner de l'argent.

Le titre pourrait dire quelque chose comme... "Le Rapport Gratuit Révèle Comment J'ai Acheté Cette Maison de 60 000 Dollars Pour Seulement 345,28 Dollars Libre de Tout Dette!"

Maintenant, sous le titre, tu peux avoir une photo de la maison et un paragraphe qui titille le lecteur. NE révèle PAS comment ou où tu as été capable d'acheter la maison si bon marché.

Après les avoir titillés avec le paragraphe tu diras quelque chose comme, "Pour demander votre rapport gratuit simplement appeler ce message enregistré et dites-nous où l'envoyer. Vous pouvez appeler 24 heures sur 24, 7 jours sur 7. Il n'y a aucune obligation."

Maintenant, tout le monde aime les choses gratuites... et étant donné qu'ils n'auront à faire face à aucun vendeur les harcelant quand ils appellent... tu obtiendras des milliers de personnes demandant ce rapport gratuit... qui est essentiellement...

TA LETTRE DE VENTE !

Évidemment, le rapport ne sera pas tout un discours de vente... tu éduqueras un peu sur le processus des Titres Fiscaux... mais le point principal du rapport sera... voici cette fabuleuse opportunité dont vous pourriez ne pas être au courant... voici la preuve que c'est vraiment vrai... je suis un expert... et je suis la meilleure personne pour vous enseigner... donc voici comment je peux vous aider à faire beaucoup d'argent.

Cette lettre de vente/rapport gratuit peut être un morceau de format plus grand... car il ne sera pas envoyé aux masses. Les personnes qui ont répondu à ton annonce s'auto-qualifient comme prospects principaux.

Le 2-Step Fonctionne Mieux Sur Imprimé, TV et Radio

Si tu vas faire un 2-step... n'utilise pas cette technique dans le direct mail. Ne vas pas pêcher des prospects dans des listes de diffusion. Il vaut mieux pêcher dans un grand étang... comme un magazine ou un journal de grande circulation... à la TV... à la Radio... etc.

Tu es probablement juste en train de commencer dans ce business... donc je te conseillerais de rester avec l'annonce sur journal ou magazine. Le but entier du 2-step est de solliciter un grand groupe de personnes et de pêcher efficacement les prospects intéressés.

Utilise Uniquement Un Dispositif de Réponse Téléphonique

Je ne ferais pas remplir à tes prospects un coupon... ou aller sur un site web... en combinaison avec un appel. Les tests ont montré que tu peux obtenir 300% de plus de personnes demandant ton rapport gratuit ou kit d'informations gratuit en ayant seulement l'option d'appel téléphonique. Et quand tu fais cela... assure-toi d'utiliser les mots, "MESSAGE ENREGISTRÉ GRATUIT". Les prospects ne veulent pas être dérangés par un vendeur à ce moment. Assure-toi de souligner qu'ils n'auront à parler à personne ou tu nuiras à ta réponse.

Le Prix Doit Être D'au Moins 60 $

Ne perds pas ton temps avec les offres 2-step si ton produit se vend à moins de 60 $. Rappelez-vous, nous jouons tous sur une échelle mathématique. Si ton prix de vente n'est pas suffisamment élevé... tu ne pourras pas couvrir le coût de la mise en place de l'annonce 2-step en premier lieu... et ensuite l'envoi de toutes les lettres de vente. La plupart des produits 2-step coûtent environ 300 $ ou à peu près. Mais ne laisse pas cela t'arrêter si tu as un produit à 60 $. Voici un exemple d'une offre 2-step à 60 $.

Je feuilletais un magazine pour hommes l'autre jour et j'ai vu une annonce offrant un guide "Guide des Pilules Sexuelles" gratuit listant toutes les meilleures pilules de type Viagra à base de plantes sur le marché actuellement.

Le produit qu'ils donnaient gratuitement ne disait rien sur le fait que cette entreprise vendait réellement sa propre pilule. Il mentionnait seulement qu'ils publiaient un guide gratuit pour t'aider à choisir le meilleur produit car ils les avaient tous testés.

Néanmoins, j'ai appelé et j'ai obtenu le guide, car je voulais voir la mécanique de cette offre. Pourquoi annoncer un guide gratuit ? Où gagnent-ils de l'argent?

Alors, j'ai appelé un message enregistré et j'ai laissé mon nom et adresse avec un faux deuxième prénom, afin de pouvoir tracer tout ce que je reçois de cette entreprise à l'avenir... car je suis sûr qu'ils me bombarderont de courrier.

Le guide est arrivé quelques jours plus tard. Il contenait une douzaine de produits, et évidemment, le produit n°1 dans leur guide avait aussi sa propre annonce dans leur enveloppe. Évidemment, cette entreprise a produit un supplément, puis a créé ce guide, qui était fondamentalement écrit pour vendre leur bouteille de pilules à 60 $... et te convaincre d'acheter le produit classé n°1... qui ne mentionnait nulle part qu'il était produit par eux... mais n'importe quel marketeur direct expérimenté le saurait.

C'est une bonne idée... pas la plus éthique, mais elle est bonne. Je suis sûr que cela fonctionne pour certains produits. Le secret du succès est d'acquérir suffisamment de leads pour justifier le coût de la publicité.

Tu Dois Attirer Suffisamment de Leads

Le plus grand défi avec les annonces 2-step est que tu dois attirer suffisamment de leads pour justifier le coût de l'annonce. Disons que tu places une annonce pour 1000$: plus de prospects demandent les informations gratuites... plus le coût par lead est bas.

Le secret est d'attirer suffisamment de leads pour réduire le coût par lead... mais tu ne peux pas être trop vague dans ton annonce, car tu attireras des leads peu qualifiés. Et tu ne peux pas exagérer trop les affirmations sinon tu auras trop de mécontents.

Mathématiques du 2-Step

Faisons les calculs sur une annonce 2-step que j'ai récemment vue et à laquelle j'ai répondu dans Entrepreneur Magazine.

Ce type a publié une annonce d'une demi-page qui lui

a probablement coûté 10 000 $.

Cette annonce d'une demi-page a reçu 5000 réponses. Donc, il a payé 2 $ par lead.

Ensuite, il a envoyé une lettre de vente/rapport gratuit, qui lui a coûté 1 $ à imprimer et envoyer. Maintenant, il a investi 3 $ dans chaque prospect. Il a investi 15 000 $ dans l'annonce et dans les lettres de vente/rapports gratuits.

Son produit se vend à 500 $. Il garde tous les 500 $ puisque c'est un produit informatif.

Il doit vendre des produits pour 15 000 $ pour atteindre le seuil de rentabilité. Des 5000 prospects intéressés - seulement 30 personnes qui achètent suffisent pour récupérer l'intégralité du coût. J'aime ces chiffres.

Disons qu'il parvient à convaincre 250 personnes d'acheter. Cela représente 5 %. Il s'attend à encaisser 125 000 $. Cela fait 8,3 fois sa mise initiale de 15 000 $! Même s'il avait convaincu seulement 90 personnes sur 5000... il aurait quand même triplé son argent avec un encaissement de 45 000 $!

Ensuite, il peut essayer de publier cette annonce dans de nombreuses autres revues... tant qu'il continue à attirer des contacts à un prix similaire... et ces annonces peuvent être publiées chaque mois. Il deviendra très riche très rapidement avec de tels chiffres.

Quelle est la tâche principale pour toi pour reproduire une offre comme celle-ci ? Tu dois attirer des prospects à 2 $ en moyenne et tu dois vendre à 5 %

d'entre eux à 500 $. Vendre à 5 % n'est pas le plus gros problème... mais le plus difficile est d'obtenir que 5000 personnes demandent les informations gratuites et de payer 5000 $ pour l'annonce.

Écrase Tes Concurrents avec Une Approche en Deux Étapes

Mon ami Gary Halbert dit que si tu publies une annonce pleine page dans une revue et que tu obtiens 1000 commandes... la même annonce pleine page offrant un rapport gratuit... ou un guide gratuit pour le type de produit que tu offres... te rapportera 10 000 demandes d'informations gratuites. Cela semble réaliste.

Puis il dit que de ces 10 000, tu réussiras à faire acheter 30 % par toi. Ainsi, en fait, tu finiras par avoir 300 % de commandes en plus par rapport à si tu avais simplement publié l'annonce d'une page et vendu directement à partir de là.

Cette approche est excellente lorsqu'il y a beaucoup, beaucoup d'annonceurs vendant la même chose dans une revue. Disons, ce serait une pilule pour maigrir. Au lieu d'être juste une autre annonce, vendant une autre pilule pour maigrir... tu pourrais offrir un guide gratuit sur les pilules pour maigrir. Les gens appelleraient ton numéro et laisseraient leur nom et adresse sur le répondeur. Puis tu leur enverrais ta lettre de vente/guide gratuit... et ensuite tu vendrais au client... et tes concurrents n'en sauraient rien.

CHAPITRE 11

Une offre irrésistible

Avant même de penser à écrire un seul mot de votre texte publicitaire, nous devons d'abord décider quelle est la meilleure offre à promouvoir. Une offre, c'est l'accord que vous proposerez à vos clients potentiels dans le but de les convaincre de se séparer de leur argent durement gagné. Plus votre offre est attrayante, plus votre argumentaire de vente sera convaincant. Votre offre doit également être simple et facile à comprendre. Si votre client potentiel ne saisit pas ce que vous essayez de lui proposer... vous l'avez perdu pour toujours. Voici quelques exemples d'offres que j'ai utilisées par le passé avec beaucoup de succès.

Cadeau Gratuit avec Achat

C'est l'offre la plus évidente. Vous offrez à votre client un cadeau gratuit... ou un bonus gratuit lorsqu'il achète. Les produits informatifs sont parfaits pour ce type de bonus. Ils coûtent presque rien à produire... et peuvent avoir une valeur perçue de 30 dollars... jusqu'à 200 dollars ou plus. La plupart du temps, vous pouvez inclure le bonus gratuit dans les frais de livraison et de gestion que vous facturez pour votre produit.

J'ai remarqué beaucoup de publicités récemment où le marchand vend un ensemble de couteaux ou autre... et double votre commande gratuitement... vous devez juste payer la livraison pour le 2ème ensemble de couteaux. Quelle affaire !

Mais en réalité, les frais de livraison que vous payez pour le deuxième ensemble de couteaux ne sont rien d'autre que le coût de production/achat des couteaux plus le coût pour les expédier chez vous.

N'hésitez pas à offrir un bonus et demander au client de payer des frais de livraison et de gestion.

Vous pouvez proposer un cadeau gratuit que le client doit réclamer même après avoir reçu sa commande initiale. Par exemple, si vous achetez un kit pour polir votre voiture, certaines entreprises incluent un coupon que le client doit envoyer pour recevoir le polish pour pneus. Tous ne réclameront pas la bouteille gratuite, mais vous pouvez tout de même l'offrir à tous.

Essai à Domicile de 30 Jours pour 9,95$.

Voici comment cela fonctionne : Prenons l'excellent exemple du Cours de Real Estate de Carlton Sheets que nous avons tous vu à la télévision pendant plus de 10 ans. Aujourd'hui, ils ne vendent plus le cours comme ils le faisaient au début... ils proposent un essai à domicile de 30 jours pour 9,95$ plus des frais de livraison et de gestion. L'annonce ne dit rien sur le coût réel du produit.

Pour que cela fonctionne, vous devez accepter les commandes uniquement par carte de crédit. Un client appelle et commande l'essai. Il paye les frais d'essai de 9,95$ et les frais de livraison et de gestion. Carlton vous proposera un surclassement pour une livraison rapide, sur laquelle, évidemment, il réalise un bénéfice. Ce n'est qu'après avoir obtenu votre numéro de carte de crédit... juste après avoir votre adresse de livraison... juste quelques secondes avant de dire "au revoir"... qu'un script se déclenche, qui va à peu près comme ça :

"OK, pour l'essai à domicile de 30 jours, votre carte de crédit sera débitée de seulement 9,95$ plus X$ pour la livraison et la gestion. Essayez le cours pendant 30 jours et si ce n'est pas tout ce que vous espériez, renvoyez-le nous pendant la période d'essai et vous ne paierez rien de plus. Sinon, si vous décidez de garder le cours et de faire de l'argent dans l'immobilier, votre carte de crédit sera débitée en quatre paiements mensuels faciles de 59,95$. Votre commande est en route aujourd'hui et vous la recevrez dans environ 10 jours. Merci d'avoir appelé !"

Il sera 10 fois plus facile d'obtenir un client pour un essai de 30 jours à moins de dix dollars. Cette charge peut être remboursable ou non, à vous de voir. Vous pouvez également prendre en charge les frais de livraison et de gestion pour vos clients... ou non.

Dans tous les cas, vous obtiendrez 5 fois plus de personnes qui commandent l'essai... et même si vous avez 50% des gens qui renvoient le produit, vous regardez toujours à vendre 2,5 fois plus de produit que vous auriez vendu directement à partir de l'annonce ou de la publicité.

Je doute sérieusement que 50% des personnes renverront le cours... peut-être que tu auras 20% de retours... mais même si c'est 20%... qui s'en soucie ? La taxe de 9,95$ n'est pas remboursable... tout comme les frais de livraison. Tu ne perds rien. Revends le cours à quelqu'un d'autre. Il y a un gourou du fitness qui promeut un appareil d'exercice pour un essai à domicile de 30 jours à 14,95$ et 34,95$ de livraison et gestion... mais ils prennent en charge les frais de livraison. Donc, pour seulement 14,95$, tu peux essayer cette machine d'exercice pendant un mois entier. Penses-tu vraiment que les gens vont démonter l'appareil et le remettre dans la grande boîte pour le renvoyer au marketeur pour 30-50$ de frais UPS ? Pas beaucoup le feront.

Ce marketeur augmentera les ventes grâce aux personnes sceptiques qui, après l'essai, réalisent qu'il a vendu un bon produit, donc c'est un avantage pour les deux parties. Et, le marketeur profitera aussi des personnes paresseuses qui auraient pu retourner le produit mais sont trop paresseuses pour le faire... donc leurs cartes de crédit seront débitées en 5 paiements de 60$.

Nous n'Encaisserons Pas Votre Chèque Pendant 30 Jours !

Voici un excellent exemple de renversement de risque. Propose à tes clients que tu n'encaisseras pas leurs chèques ou ne débiteras pas leurs cartes de crédit pendant 30 ou 60 jours. Il faut être audacieux pour faire ça. Tu ne recevras pas d'argent immédiatement pendant un mois ou plus si tu choisis cette voie. Le pire, c'est que tu dois avoir un produit qui te coûte presque rien à produire. On dit que cette technique peut augmenter l'attrait d'une annonce ou d'une lettre de vente de 300%. Ça pourrait valoir la peine de faire un test.

Propose des Paiements Échelonnés

Comme l'offre d'essai, cette proposition doit être utilisée uniquement avec des clients qui paient par carte de crédit. Si tu vends un article de haute valeur... cela pourrait avoir du sens de proposer à ton client un plan de paiement échelonné. Tu le vois partout à la télé de nos jours... "JUSTE 5 PAIEMENTS DE SEULEMENT 19,95$!"

Diviser le coût est une manière infaillible d'augmenter les ventes. Combien de maisons se vendraient si les prêts n'existaient pas ? Pas beaucoup, n'est-ce pas ? La même chose vaut pour les voitures neuves. Sans financement... un concessionnaire aurait du mal à vendre une voiture haut de gamme. C'est pareil ici. Si tu vends un article à 180 dollars, peut-être peux-tu proposer 3 paiements faciles de 59,95 dollars... et encore mieux, peut-être peux-tu faire une offre combinée... 9,95 dollars pour un essai à domicile de 30 jours plus livraison... et ensuite tu peux proposer 3 paiements de 59,95 dollars au lieu de charger un plein 180 dollars sur l'offre d'essai.

Paiement à la Livraison / Cash On Delivery (COD)

Cela n'est pas beaucoup utilisé de nos jours. Je ne l'ai jamais utilisé. Il n'y a vraiment pas de raison de le faire. Il y a des frais supplémentaires. Beaucoup de gens refusent la livraison et tu perds les frais de livraison et tout le temps perdu. Mais si tu veux le faire, assure-toi d'envoyer à ton client une carte postale quelques jours avant qu'il ne doive recevoir le colis et dis-lui que tu as inclus un autre bonus spécial gratuit dans sa commande. Cela aidera à s'assurer que le client accepte le C.O.D. à l'arrivée. Cependant, je pense que le Paiement à la Livraison est plus une nuisance qu'autre chose. Si ton client n'a pas de carte de crédit... ou au moins une carte de débit - que presque tout le monde peut obtenir... peut-être que tu ne veux pas qu'il soit ton client.

Facture-moi Plus Tard

C'est une spécialité pour les éditeurs de magazines

pour une raison... s'ils devaient réellement faire payer les gens à l'avance... ils obtiendraient seulement 50% des réponses... probablement moins. Facturer plus tard est risqué. Tu ne connais pas vraiment les personnes à qui tu envoies tes produits. Nightingale Connant base toute son activité sur une promotion "facture-moi plus tard". C'est ainsi qu'ils attirent de nouveaux clients en grand nombre.

Tu dois avoir un système de facturation mis en place pour envoyer les factures. Tu peux inclure une facture dans l'envoi indiquant quand le paiement est dû. Si tu vends un abonnement que tu peux arrêter quand ils ne paient pas... c'est définitivement mieux que si ton produit était un "one-off" et qu'ils l'avaient déjà tout en leur possession.

Réfléchis bien avant de faire cette offre. Même si je suis sûr que tu obtiendras plus de commandes, tout se résume à ceci... Trace combien de commandes tu obtiens quand tu demandes l'argent à l'avance. Puis offre l'option "facture-moi plus tard" et trace combien de commandes tu reçois... puis trace combien ont payé dans les 30 jours ou quand le paiement était dû. Si les profits étaient significativement plus élevés avec le "facture-moi plus tard"... même après avoir soustrait tous les produits perdus (ton coût de revient - pas le prix de vente) et tout le temps ajouté pour facturer les gens - fonce.

Première Bouteille Gratuite ou Première Vidéo Gratuite

Si tu proposes un produit en abonnement automatique comme une vidéo mensuelle... ou un approvisionnement mensuel de pilules... tu peux offrir la première bouteille ou la première vidéo... et demander seulement au client de payer les frais de livraison et de gestion (S/H) de 4,95$ ou 6,95$ avec leur carte de crédit.

Cela ne peut se faire qu'avec un client payant par carte de crédit. Le secret réside dans le club de livraison automatique. Si le client n'est pas satisfait du produit, il doit appeler dans les 30 jours pour annuler les envois futurs.

Bien sûr, il y a aussi des problèmes avec ce type d'offre. Si tu vends un produit comme une bouteille de pilules, où le produit sera toujours le même... tu dois t'assurer de ne pas avoir d'escrocs qui appellent et commandent une bouteille gratuite à une adresse, puis à une autre adresse, et ainsi de suite... juste pour annuler tous les envois la semaine suivante après avoir obtenu 4 ou 5 bouteilles de toi.

Maintenant, mon expérience me dit de ne pas s'inquiéter de ces personnes parce que tu as obtenu les frais de livraison et de gestion de la personne, ce qui a couvert le produit réel et les frais d'expédition, donc il n'y a pas réellement d'argent "perdu"... mais le plus gros problème vient le mois suivant quand cette personne t'appelle irritée si elle n'a pas annulé les divers abonnements automatiques à temps et qu'ils ont 5 charges sur leur carte de crédit d'environ 40$

chacune.

Les compagnies de cartes de crédit pourraient commencer à penser que tu fais quelque chose de louche et te causer des problèmes. Assure-toi de mentionner dans ton annonce, "LIMITÉ À UNE BOUTEILLE PAR CLIENT ET PAR FOYER".

Tu n'auras pas trop à t'inquiéter de cela si ton produit mensuel est différent... il n'y a vraiment aucun avantage à escroquer des copies supplémentaires du même vidéo.

Vends Un Seul Produit à la Fois

Je vois des clowns qui vendent 2 ou 3 ou 4 produits différents dans une seule annonce ou lettre de vente. Fous.

Les marketeurs pensent parfois qu'ils peuvent justifier le coût élevé de l'envoi de lettres de vente... ou de la publicité s'ils offrent de nombreux, nombreux produits. Ils pensent vraiment avoir plus de chances de succès de cette manière - mais ce n'est pas le cas.

Grave ces mots dans ton cerveau - quand il s'agit de créer une lettre de vente unique ou une annonce unique... VENDS UN SEUL PRODUIT À LA FOIS.

Joe Sugarman - le maître derrière les lunettes de soleil BluBlocker raconte aussi une histoire similaire. Avant BluBlocker, il avait JS&A (le Sharper Image des années 70). Il vendait des montres Navy Seals. Le fournisseur de ces montres voulait qu'il vende toutes les différentes versions colorées de cette montre... et les tailles pour femmes. Joe voulait vendre uniquement la version noire pour hommes. Le fabricant de montres était perplexe sur pourquoi il voulait faire cela. Joe savait quelque chose qu'ils ignoraient.

Ils voulaient vraiment qu'il vende toutes les montres en même temps. Joe a proposé de faire un test divisé, où une annonce aurait seulement la montre noire pour hommes et une autre annonce aurait toutes les couleurs et les tailles pour hommes et femmes. Lorsque les résultats de vente sont arrivés... ils ont choisi de publier l'annonce avec seulement la version noire pour hommes de la montre Navy Seals. Maintenant, c'était un exemple extrême... les montres étaient toutes identiques. Mais certainement, si tu vends une pilule pour perdre du poids... n'offre pas aussi du Viagra en même temps !

ON PEUT VENDRE UNE SEULE CHOSE À LA FOIS.

Si tu veux offrir un produit non lié gratuitement avec l'achat de ton produit principal... ça va... mais n'essaie JAMAIS de vendre deux choses en même temps.

CHAPITRE 12

Garantir tout

Tu sais quand un client décide s'il retournera ton produit ? Lorsqu'il est en train de l'acheter. Dans les années 80 et 90, avoir une garantie de satisfaction pouvait te donner un avantage concurrentiel. Aujourd'hui, c'est une exigence... plus tu peux enlever de "risque" sur les épaules de tes clients... mieux c'est. Si tu es avide et/ou terrifié à l'idée d'offrir une garantie à tes clients... peut-être que tu n'es pas tout à fait convaincu de ce que tu vends. Peut-être que tu es convaincu... mais tu as peur qu'un grand pourcentage de personnes en abusera. J'ai deux mots pour toi : NE T'INQUIÈTE PAS.

Voici comment les garanties fonctionnent en termes de réponse. Si tu n'offrais pas de garantie, tu pourrais vendre à 10 personnes sur 1000. Quand tu offres une garantie, tu pourrais regarder à 20 commandes... et parmi ces 20, deux ou trois demanderont leur argent en retour. Même en remboursant l'argent à deux ou trois personnes... tu regardes encore à 7 ou 8 commandes de plus. Tu serais toujours en avance. Dans ce chapitre, nous couvrirons les garanties les plus populaires que j'ai offertes par le passé.

Garantie de Remboursement Inconditionnelle de 30 Jours

C'est la garantie standard que tes clients attendent. Ne pas offrir une garantie fait paraître ton produit louche... donc au minimum absolu, tu dois offrir une garantie standard de remboursement de 30 jours. N'hésite pas à ajouter les mots "Expédition à la charge du client"... ce qui signifie que ton client peut récupérer son argent... moins les frais d'expédition et de gestion. Maintenant souviens-toi, ton produit et tous ses coûts de traitement de commande sont couverts dans les frais que tu factures. Même quand un client veut récupérer son argent, tu peux retenir les frais qu'il t'a coûté pour expédier le produit... créer le produit... prendre l'appel... etc.

Garantie de Remboursement de 60 Jours, 90 Jours ou Plus Longue

Ceci est également une garantie inconditionnelle. Les gens fonctionnent avec des échéances. Quand payes-tu le loyer ? Le paiement de la voiture ? Les factures de carte de crédit ? Si je sais quelque chose sur les gens, je dirais que tu payes tes factures le dernier jour possible. Tout le monde fait ça. Maintenant, plus tu prolonges le délai pour récupérer leur argent... plus il leur faudra de temps pour réellement appeler et le demander. Avec le temps... ils oublient. Ainsi, plus la période de temps est longue, moins tu auras à rembourser.

Garanties Conditionnelles

Cette garantie permet au client de récupérer son argent seulement si une certaine chose ne se produit pas comme affirmé par ton produit/service. "Si mes prédictions sportives ne sont pas précises à au moins 90% dans les prochains 30 jours... je te rembourserai jusqu'au dernier centime de l'argent que tu m'as payé !"

Double Tes Remboursements

Évidemment, ce type de garantie est conditionnel ; sinon, tu perdrais sérieusement de l'argent ! Entrepreneur Magazine a réellement commencé avec une série de rapports et de cours d'étude à la maison sur comment démarrer certains types d'entreprises. D'après ce que j'ai lu, quand ils sont sortis pour la première fois, ils étaient affligés par un grand pourcentage de remboursements. Pour réduire ces remboursements inconditionnels, ils ont décidé d'offrir LE DOUBLE de ton argent en retour... mais c'était conditionnel. L'acheteur de ces kits devait montrer une preuve qu'il avait réellement testé les choses enseignées dans le cours. Les ventes ont grimpé... les remboursements ont diminué.

Garde le Bonus!

Tu te souviens des bonus gratuits inclus dans ton

offre ?

Tu te souviens que ces bonus étaient payés dans les frais de livraison et de gestion non remboursables que tu factures à ton client ? Eh bien, tu peux offrir une garantie inconditionnelle de 30, 60, 120 jours ou combien de temps tu veux et laisser ton client garder les bonus gratuits que tu lui as donnés.

Mon mentor Jay Abraham appelle cela une "garantie mieux-que-sans-risque". Et c'est vrai. Pense à cela de cette manière : si tu as donné quelques rapports gratuits, peut-être une vidéo... et une cassette, tous en tant que bonus gratuits, et qu'ils avaient une "valeur perçue" de 200 dollars ou ainsi. Si un client veut récupérer son argent pour le produit initial qu'il a commandé, tu peux lui dire qu'il finira quand même avec des marchandises d'une valeur de 200 dollars, qu'il soit heureux ou non. Ce n'est pas juste "sans risque"... c'est MIEUX que sans risque.

Rembourser la Livraison et la Gestion

Parfois, tu peux même t'aventurer à offrir de rembourser non seulement le prix d'achat... mais aussi les frais de livraison et de gestion. J'ai vendu 1,4 million de bouteilles d'un supplément et j'ai inclus une telle garantie. La raison est simple... Parfois, un client ne veut pas seulement récupérer son argent de toi, mais même après que tu le lui aies donné - il conteste encore les frais de livraison et de gestion avec Visa ou MasterCard. Parfois, tu ne veux rien de la part d'un client insatisfait, même pas une taxe de livraison et de gestion.

Remboursement Inconditionnel de 100% Plus 10%

Ici, tu joues sur les chiffres. Si ton produit est vendu à 69,95 dollars... et que tu demandes 6,95 dollars pour la livraison et la gestion... tu peux rembourser la totalité du montant et, au lieu de dire que tu rembourses aussi les frais de livraison, tu peux dire : "Tu recevras un remboursement de 100% du prix d'achat et j'ajouterai même un extra de 10% pour ton temps et les désagréments !"

En réalité, tu rembourses juste les frais de livraison... mais cela sonne mieux de cette manière.

Garantie Fond du Pot

Cela est utilisé dans le business des suppléments. Cela signifie utiliser tout le pot et, si à la fin tu n'es pas ravi, tu peux renvoyer le pot MÊME S'IL EST VIDE... et tu recevras un remboursement complet et total de ton prix d'achat. Pour le client, c'est génial parce qu'il peut utiliser toute la fourniture et récupérer quand même son argent... et cela fonctionne bien pour toi parce que tu le fais utiliser toute la fourniture et lui fais garder le contenant car il doit te le renvoyer. Ce sont tous les trois des obstacles.

Naturellement, si un client t'appelle et dit qu'il a jeté

le contenant, tu lui donneras quand même un remboursement... mais tu seras surpris de combien de personnes ne vont pas appeler juste pour éviter la confrontation.

De même, si un client appelle et veut récupérer son argent... et ne veut pas renvoyer la bouteille à toi - pour l'amour de Dieu, donne ce damné remboursement. Mais encore une fois, tu seras surpris de combien de personnes ne vont pas appeler.

La Leçon Est à Ma Charge

C'est un excellent moyen de formuler une garantie sur un produit à partir duquel ils apprendront quelque chose, que ce soit une vidéo... une cassette... un livre... etc. Disons que c'était une vidéo de golf qui enseigne comment conduire la balle plus loin... la garantie pourrait dire quelque chose comme : "Regarde la vidéo, et si les enseignements de John ne te font pas envoyer ta balle de golf comme un CANON... ajoutant 50 yards... et frappant droit comme une flèche... avec une précision mécanique... la leçon de golf est à ma charge. Renvoie la vidéo pour un remboursement complet du prix d'achat..."

C'est fondamentalement une façon d'énoncer une garantie d'une manière plus attrayante. Tu n'achètes pas une vidéo... tu achètes une leçon qui se trouve par hasard sur un DVD ou une cassette VHS ou quoi que ce soit. L'information est retenue dans la tête du client. Tu demandes juste le produit physique (la vidéo) en retour... mais le souvenir de ce qu'il a appris reste dans sa tête.

Nous Enverrons UPS le Chercher pour un Remboursement !

Je me souviens d'avoir vu une publicité pour la cire Malm, le titre disait : "Découvrez la cire de carnauba liquide qui rendra votre voiture tellement brillante que si vous ne pensez pas que c'est la brillance la plus profonde que vous ayez jamais vue, nous enverrons UPS la chercher pour un remboursement !" Ce titre m'a frappé, il est puissant !

Mais attention : ici, tu perdras un peu d'argent. Les étiquettes d'appel coûtent. Les frais de retour pour te renvoyer le produit coûtent. Si dans ton annonce ou lettre de vente, la garantie est pour le prix d'achat moins l'expédition, tu peux garder les frais d'expédition initiaux. Tu devras juste payer pour l'étiquette d'appel et l'expédition de retour chez toi.

Alors, si tu as un peu d'argent dans les frais d'expédition initiaux avec lesquels jouer... si c'est suffisant pour couvrir l'expédition de retour... peut-être peux-tu offrir cette solution.

Ah, et une autre chose, il vaut mieux que tu aies un produit exceptionnel... sinon ton entrepôt sera plein de boîtes de clients insatisfaits.

Ce que j'aime faire avec l'idée de l'Étiquette d'Appel, c'est simplement dire au client qu'il peut garder ton produit ou le donner à un ami qui pourrait être intéressé. Nous donnerons quand même le crédit. Une bouteille à moitié utilisée de crème ou de pilules ne vaut rien pour moi.

Quelques notes sur les garanties énumérées dans ces pages : Certaines d'entre elles peuvent te plaire plus ou moins. Certaines sont plus éthiques que d'autres... et tout dépend de ce qui te fait te sentir à l'aise. Je ne promeus ni ne dissuade d'utiliser une garantie particulière... mais une chose que je te dis – tu dois toujours offrir une forme de garantie de satisfaction !

CHAPITRE 13

Les bonus

C'est génial de recevoir un bonus gratuit ou un cadeau lors de l'achat de quelque chose. J'ai pris des produits qui arrivaient à peine à équilibrer les coûts, j'ai ajouté un prix et j'ai vu une grande croissance dans les réponses.

Les prix doivent te coûter peu ou rien. Maintenant, je ne veux pas dire que les prix devraient être sans valeur - ils doivent avoir une certaine forme de valeur pour fonctionner.

J'ai également augmenté mon prix de vente pour compenser un cadeau gratuit que je voulais inclure... et j'ai quand même vu augmenter les réponses.

Je vais te donner quelques exemples d'offres de cadeaux gratuits que j'ai utilisées par le passé, mais ça ne fonctionne pas toujours. Tu dois tester.

Une fois, j'ai vendu un kit de cire pour voiture et j'ai offert une polisseuse orbitale. Il y avait deux versions du kit... une de demi-litre et une de litre. J'ai donné la polisseuse avec le kit d'un litre.

J'ai réussi à obtenir les polisseuses pour moins de 14 dollars auprès d'un fabricant. Pour compenser le coût de la polisseuse, j'ai dû augmenter les frais de livraison et de gestion... et la réponse pour les kits d'un litre a augmenté. Je me souviens que presque tous les achats étaient pour le kit de plus grande taille.

J'ai bénéficié de deux manières différentes. Tout d'abord, j'ai vendu une version plus coûteuse du produit... et deuxièmement, j'ai été en mesure d'augmenter la réponse globale. C'est ce que j'appelle une situation gagnant-gagnant.

Dans le business des produits informatifs, les prix peuvent être des rapports supplémentaires... des enregistrements de séminaires ou des interviews avec des experts dans le domaine... etc. Ces types de prix peuvent avoir une haute valeur perçue et pourtant ne te coûter rien à inclure.

Les prix peuvent être utilisés pour encourager les clients à utiliser tes produits pendant une période plus longue. Je me souviens avoir offert un supplément alimentaire sur une base d'auto-expédition. J'ai dit aux clients que je leur donnerais un lecteur DVD gratuit s'ils étaient capables de faire un petit sondage pour moi.

Je recevais ces lecteurs DVD pour environ 40 dollars. Mon envoi mensuel de pilules coûtait au client 40 dollars. J'ai fait utiliser le produit à mes clients pendant une moyenne de quatre mois. Le sondage était une étude de six mois.

Si le client complétait le journal que j'incluais avec sa commande, il devait être sur le produit pendant six mois entiers. Maintenant, j'ai obtenu deux mois supplémentaires de ventes... un des mois de revenus, je devais l'utiliser pour acheter le lecteur DVD - mais j'ai quand même obtenu une vente supplémentaire de

40 dollars en profit... plus le journal de mon client - que je pouvais utiliser de toute manière que je souhaitais. Le client obtenait un lecteur DVD gratuit - pour l'utilisation d'un produit qu'il aimait. C'était aussi une situation gagnant-gagnant pour toutes les parties impliquées.

Les prix peuvent être ou non pertinents pour le produit que tu vends. Ce que tu dois faire, c'est tester l'offre avec et sans le prix ou avec différents prix. Si un prix a du succès... tu devrais certainement l'inclure.

CHAPITRE 14

Témoignages

L'une des quatre principales raisons pour lesquelles les gens ne répondent pas à tes lettres de vente, tes annonces dans les magazines ou tes spots publicitaires à la télévision et à la radio... c'est qu'ils ne croient pas à ce que tu dis. Les témoignages, utilisés correctement, peuvent atténuer une partie de leur scepticisme.

Tu sais ce que je déteste ? Quand je vois un paragraphe d'un utilisateur satisfait qui dit quelque chose comme, "J'adore ce produit !" - J.A., NY. Ce témoignage est complètement raté.

Premièrement, c'est une déclaration vague qui ne fait rien pour ton argumentaire de vente... et deuxièmement, le nom de la personne est indiqué seulement par des initiales ainsi que son emplacement.

Les témoignages doivent avoir un nom complet et une ville et un état complets... et ils doivent être plus détaillés.

J'aime un témoignage comme celui-ci, "J'ai commencé à utiliser XYZ il y a trois mois. Quand j'ai commencé à utiliser XYZ, ma poitrine était à peine un bonnet A... mais maintenant, je suis un bonnet B plein et ma poitrine ne disparaît plus quand je mets un T-shirt !" - Mary Brown, Houston, Texas.

C'est un témoignage essentiel. J'aime ajouter encore plus de données pour prouver qu'ils viennent d'une personne réelle. Voici quelques choses que tu peux ajouter pour les rendre plus réels et authentiques:

1. Utilise un nom complet. Ce n'est pas difficile à utiliser du tout. Personne ne va chercher l'écrivain pour le pointer du doigt dans la rue.

2. Utilise la profession de l'écrivain. Cela ajoute plus de crédibilité à la déclaration qu'ils font. Si un témoignage vient d'un Officier de Police, d'un Avocat, d'un Docteur, etc., cela rend la déclaration encore plus puissante.

3. Utilise l'âge et le sexe de l'écrivain. Encore une fois, cela ajoute de la crédibilité.

4. Utilise la photographie de l'écrivain. Cela ajoute de la crédibilité.

5. Utilise des photos avant et après. Cela fonctionne dans les cas où ton produit donnera à l'utilisateur un certain type de changement. Produits pour la perte de poids, produits anti-âge, produits de musculation, etc.

Comment obtenir des témoignages des utilisateurs

Tu n'as pas à t'asseoir et attendre que les utilisateurs

de tes produits décident si et quand ils t'écriront une belle lettre. Réveille-toi. Ce que j'aime faire, c'est offrir à tes clients un bonus s'ils peuvent te dire leurs commentaires sincères sur ton produit. Quelques jours après qu'ils reçoivent leur commande... ou directement dans leur commande... inclue une lettre disant que tu cherches des témoignages pour ta prochaine campagne.

Dis-leur que s'ils envoient leur témoignage, ils recevront un bonus. Le bonus peut être tout ce que tu veux. Puis continue à dire que si tu décides d'utiliser leur histoire dans ton annonce, tu leur donneras 500 dollars ou quoi que ce soit.

Bill Phillips d'EAS a fait quelque chose de radical en 1998. EAS était une entreprise qui produisait des suppléments pour la musculation. Bill avait une Lamborghini rouge qu'il donnerait à la personne qui utilisait ses produits comme recommandé et avait la plus grande transformation en utilisant ses produits.

Il a fait toute une promotion de cette voiture à gagner. D'abord, il a obtenu plus de clients pour essayer ses produits. Deuxièmement, il a obtenu des milliers de photos avant et après et des histoires à utiliser dans de futures publicités. Troisièmement, il a fait utiliser son produit à ses clients pendant une période plus longue.

En faisant les calculs, même s'il a donné une voiture de 150 000 dollars... il a obtenu des millions de plus en ventes des témoignages incroyables et des photos avant et après.

Comment obtenir la permission d'utiliser les Témoignages

Inclue un formulaire spécial pour les témoignages. Il peut demander toutes les informations que tu souhaites recevoir. Il devrait y avoir des champs pour l'âge, la profession, le nom, la ville, l'état, le numéro de téléphone, etc. Assure-toi d'inclure une grande boîte avec suffisamment de lignes pour leur histoire, mais pas trop. Tu ne veux pas que ces personnes t'écrivent un livre.

Au bas, demande une signature qui te permet d'utiliser leur histoire dans de futures publicités.

Endorsement de Célébrités

Une fois, j'ai diffusé des spots publicitaires dans l'émission radio de Howard Stern chaque matin. Nous avions une sexy Pet de Penthouse qui faisait la voix off et les résultats étaient très bons. Après avoir diffusé la publicité pendant plusieurs mois, la réponse a diminué et ce n'était plus rentable de la diffuser. Nous avons dit au représentant de vente de la station radio que nous pensions retirer les annonces puisqu'elles ne rapportaient plus de résultats. Howard ne voulait pas perdre le business que nous apportions à son réseau, donc il a fait la voix off pour notre publicité gratuitement. Il a recommandé le produit et a dit comment il entendait des utilisateurs à quel point cela fonctionnait bien pour eux, etc. Nous avons diffusé le nouveau spot de Howard, et nous avons découvert qu'il fonctionnait. Finalement, nous avons retiré les annonces... mais nous avons mis la publicité sur notre site web et le lien disait, "Écoute ce que Howard Stern dit de notre produit !"

Ne confonds pas les endorsements dans ta lettre avec les mailings de recommandation ou les offres "Hôte Parasite" dont nous avons parlé dans un chapitre précédent.

En conclusion : Les endorsements de célébrités ne sont pas des remèdes miracles, ils ne doubleront pas ta réponse... mais ils ajoutent un peu de crédibilité à tes offres. Si tu peux les obtenir, super. Ajoute-les. Mais ne pense pas qu'ils sauveront la promotion de perdre de l'argent.

Les témoignages, en revanche, sont un standard pour ton offre et tu devrais toujours les utiliser.

CHAPITRE 15

Parce que la publicité ne vend pas

Obtenir une réponse rentable de tes lettres de vente et de ta publicité peut être compliqué... mais si tu l'analyses bien, il n'y a que quatre raisons pour lesquelles tes clients potentiels n'achètent pas chez toi. Je vais parler de chacune d'elles... et révéler des techniques sur comment les surmonter.

1. Ils ne remarquent pas ton message de vente

Si tu envoies des lettres de vente par la poste, il y a beaucoup de choses qui peuvent empêcher tes clients potentiels de recevoir, de voir et/ou de lire ta lettre de vente.

Si tu envoies du courrier Standard - ce que je déconseille... le bureau de poste pourrait jeter ta lettre à la poubelle.

Il y a quelques années, dans le Bronx, il y avait un bâtiment abandonné que les travailleurs postaux utilisaient pour décharger leur courrier publicitaire. Au lieu de le livrer, ils le jetaient simplement dans ce bâtiment. Ce n'est que lorsque le bâtiment a pris feu que les autorités ont découvert ce qui se passait depuis des années ! J'ai consacré un chapitre entier plus loin dans ce livre au bureau de poste et comment s'assurer que ta lettre est livrée.

Si tu envoies du courrier Standard - ton client potentiel pourrait avoir déménagé et le courrier Standard n'est pas redirigé vers sa nouvelle adresse. Les gens déménagent souvent. Lorsque tu envoies du courrier de Première Classe -, que je recommande, le courrier sera redirigé vers la nouvelle adresse si la personne a mis en place un Ordre de Réexpédition.

Si ta lettre de vente ressemble à du COURRIER INDÉSIRABLE, ton client potentiel pourrait la jeter avant même de lui donner une chance d'être ouverte. Dans les chapitres suivants, je montrerai comment faire en sorte que tes lettres de vente soient ouvertes par tes clients potentiels. Je te le dis tout de suite ; si tu envoies une lettre de vente - ou pire, un FLYER... encore pire, avec une ÉTIQUETTE D'ADRESSE dessus... ça ressemble à des ordures et c'est là que ça finira.

Tu pourrais aussi avoir le mauvais titre sur ta lettre de vente ou ta publicité qui échoue à attirer le lecteur dans le corps du texte. Plus loin dans ce livre, j'ai consacré un chapitre entier uniquement aux titres ! Si tu n'attires pas les bons clients potentiels pour ton offre... ils ne liront jamais ce que tu dis dans le corps de ta lettre de vente et/ou publicité. Tu dois simplement attirer les bonnes personnes qui achèteront ton produit.

Si tu fais de la publicité dans un magazine, ton annonce peut ne pas sembler attrayante à lire, donc ton client potentiel continue à tourner les pages -

ignorant complètement ton annonce. Si ton annonce ne va pas "à contre-courant" par rapport à ce à quoi un "annonce" devrait ressembler, elle n'obtiendra pas tous les lecteurs qu'elle devrait obtenir.

2. Ils ne veulent pas ce que tu vends

Même pour les femmes les plus belles d'Amérique, il y a des hommes qui ne voudraient pas coucher avec elles. Il est impossible que chaque personne qui reçoit ton courrier veuille ton produit. Mais dans ce business, nous faisons notre argent avec les 2% qui le font. Si tu cibles la mauvaise liste... ou si tu fais tourner ton annonce dans le mauvais magazine... ou simplement si tu as un produit pas si désirable... tu auras du mal à obtenir suffisamment de commandes pour couvrir tes coûts publicitaires.

C'est simple- Tu dois avoir un produit qui attire un grand groupe de tes clients potentiels et tu dois t'assurer de le mettre devant les bons clients potentiels - et si tu fais une annonce dans un magazine, ou un spot TV ou radio... tu dois le faire au bon prix. Il est impératif de négocier le meilleur coût des médias possible lorsque tu fais une annonce. Si toutes les annonces étaient gratuites, chaque produit serait un succès.

Il y aura toujours quelqu'un qui veut ton produit... le truc est d'avoir suffisamment de personnes dans ta liste de clients potentiels ou dans le tirage du magazine pour acheter et rapporter plus en ventes que ce que cela a coûté pour promouvoir.

3. Ils ne peuvent pas se permettre ce que tu vends

Je connais des tonnes de gens qui aimeraient posséder une Ferrari. Je parie que si elle coûtait 20 000 dollars neuve, 9 personnes sur 10 choisiraient la Ferrari plutôt qu'une Honda Civic. La raison pour laquelle les rues ne sont pas remplies de ces chefs-d'œuvre italiens est que seuls les très riches peuvent se les permettre.

Il en va de même pour d'autres produits. Parfois, ils coûtent tout simplement trop cher. Je me souviens, quand je commençais dans le direct response ; je voulais aller à un séminaire qui coûtait 5 500 dollars. Je n'avais pas cet argent... ni aucun bien que je pourrais "mettre en gage" pour obtenir l'argent. Si il y avait une échelle de 1 à 10 sur combien je désirais aller à ce séminaire... j'aurais évalué mon désir à 10. Je voulais vraiment y aller... beaucoup.

Maintenant, il y avait deux autres options pour acheter le séminaire. Première option : le séminaire offrait un plan de paiement. C'était comme 500 dollars par mois pendant 11 mois. Et la seconde option était une version du séminaire à étudier à la maison. C'était essentiellement un enregistrement sur bande du séminaire précédent à celui proposé. Il ne coûtait que 2 200 dollars... et ils offraient également des conditions de paiement de 200 dollars par mois pendant quelques mois.

Si tu vends quelque chose à plus de 100 dollars... il pourrait être sage de tester un plan de paiement pour attirer plus de clients.

Rappelle-toi quand je disais plus tôt dans ce livre, si il n'y avait pas de sociétés financières pour accorder des prêts aux gens... aucune maison ne se vendrait. Combien de personnes ont assez pour acheter leur maison en espèces ? Peut-être 1% ? Les termes de paiement permettent aux gens de payer leur maison sur 30 ans ou ainsi.

Tu es une personne intelligente. Tu peux trouver d'autres moyens de rendre ton produit plus accessible.

4. Ils ne te croient pas

Je dirais probablement que c'est l'une des raisons les plus importantes, sinon LA plus importante, pour laquelle tes clients potentiels n'achètent pas ce que tu vends. La chose drôle est que, lorsqu'une campagne obtient une réponse faible, on a généralement tendance à penser qu'on n'a pas vendu assez durement, donc on gonfle encore plus ses affirmations et promesses. Cela est contre-productif. La raison pour laquelle ils n'ont pas commandé en premier lieu est parce qu'ils ne croyaient pas à ton argumentaire de vente. Rendre tes affirmations encore plus exagérées ne fera qu'augmenter leur scepticisme. Cela pourrait augmenter un peu la réponse... de la part des personnes crédules. Mais au coût d'un risque légal plus élevé.

Voici ce que je crois. Il y a plus de personnes qui achèteraient ton produit si tu rendais ton argumentaire plus crédible par rapport aux personnes qui achèteraient si ton offre et/ou tes affirmations étaient plus fortes et exagérées. Essaie cela dans ta prochaine lettre de vente ou annonce.

J'ai appris quelque chose d'important sur la crédibilité et je veux te l'enseigner. Juste avant de faire une affirmation pour ton produit... révèle un défaut. L'admission d'un défaut rend ton affirmation plus crédible. Cela fonctionne comme ça :

"C'est mon premier livre majeur. Je ne suis pas un auteur établi, donc ce livre aura certains défauts. Si tu lis pour le style, ou pour la qualité littéraire, comme je le disais plus tôt, cela pourrait ne pas être un livre pour toi. Mais il y a des paragraphes dans ce livre - des idées dans ce livre - des chapitres entiers dans ce livre que je n'ai jamais eu le courage de mettre sur papier auparavant ! Et ils ouvriront des portes pour toi - peut-être dès demain - qui auraient pu autrement nécessiter une vie d'attente pour être franchies."

Ou quelque chose comme ça :

"Notre nouveau produit anti-rides n'est pas une solution permanente. Les résultats que tu obtiendras avec ce produit ne seront que temporaires. Mais même si les résultats durent huit-dix heures, ce produit te permettra de masquer chaque ligne fine et ride sur ton visage. Les résultats que ce produit fournit, même s'ils sont temporaires, sont absolument incroyables !"

Ou quelque chose comme ça :

"Mais ne pense même pas un instant que ce produit fonctionnera si tu ne participes pas à un régime alimentaire sain et à un programme d'exercice physique. Si tu t'assois sur le canapé et continues à manger de la mauvaise nourriture, ce produit ne fera rien pour toi. Mais d'un autre côté, une étude clinique récente a montré que ce produit peut brûler 930 calories supplémentaires chaque jour lorsque tu manges et fais de l'exercice correctement. Près de la moitié de ton apport calorique quotidien... ÉLIMINÉ !"

Vois-tu comment l'admission de la vérité... ou d'un défaut juste avant de faire une affirmation rend l'affirmation plus crédible ?

Voici quelques autres moyens par lesquels tu peux rendre ton argumentaire de vente plus crédible pour tes clients potentiels :

Augmente la crédibilité avec...

- Une garantie solide
- Garantie de remboursement doublé
- Endorsement d'un ami commun
- Témoignages
- Endorsement de célébrités
- Essai gratuit
- Ne pas encaisser le chèque pendant 30 jours
- Ne pas débiter la carte de crédit pendant 30 jours
- Lister le numéro de brevet
- Utiliser des paiements échelonnés

- Utiliser une adresse réelle et un numéro de téléphone
- Raconter l'histoire du développement
- Utiliser des informations spécifiques qui peuvent être vérifiées
- Déclaration authentifiée
- Utiliser des résultats de tests spécifiques
- Utiliser une histoire personnelle
- Utiliser des données d'un article de magazine
- Une photo avant et après
- Une copie d'une licence
- Photographies d'autres utilisateurs
- Gloire par association / Succès passés
- Nombre d'utilisateurs satisfaits
- Quantité de produit vendu
- Empathie
- Écrire à la première personne
- Joindre un article de magazine favorable
- Garantie meilleure que sans risque
- Nombre d'années d'activité
- Informations du CV (DDS, ESQ, PhD)
- Comme vu dans...

- Expliquer comment prouver l'efficacité
- Appartenance à la BBB ou à une autre société
- Un échantillon de produit
- Nous vous facturerons plus tard pour le produit
- Adresse email personnelle pour questions
- Essai domestique
- Admission de défauts
- Photo de la personne qui écrit la lettre
- Ne jamais utiliser l'humour

Ton succès se résume à ta capacité à persuader des étrangers de voir les choses de ton point de vue. Maîtrise et surmonte les quatre raisons pour lesquelles les clients potentiels n'achètent pas. Efforce-toi de faire en sorte que ton offre navigue avec le courant et ne s'emmêle dans aucun de ces quatre motifs.

NOTE : Depuis que j'ai écrit ce livre, j'ai découvert une autre raison pour laquelle quelqu'un pourrait ne pas répondre à ton offre. Tu peux couvrir les 4 raisons principales pour lesquelles ils n'achètent pas... mais ils pourraient toujours ne pas répondre même s'ils veulent ton produit. Ils pourraient ne pas le vouloir assez pour échanger le montant en dollars que tu demandes. Certes, ils peuvent avoir tout l'argent du monde... mais juste parce qu'ils ont assez d'argent ne signifie pas qu'ils paieront n'importe quoi que tu demandes. Par exemple... j'avais plusieurs millions de dollars en banque, et je voulais cette nouvelle Lamborghini. La seule chose, c'est que je ne voulais pas payer les 50 000 dollars supplémentaires sur le prix de liste que le concessionnaire demandait parce que c'était une voiture très demandée.

Certes... ton client potentiel pourrait vouloir ta nouvelle pilule pour maigrir... mais si tu demandais 100 dollars la bouteille... certaines personnes pourraient ne pas la vouloir ASSEZ POUR ÉCHANGER leur argent pour cela. Tu pourrais même la vendre à 30 dollars et il pourrait encore y avoir des gens qui ne voudraient pas échanger les 30 dollars dans leur banque pour ces pilules. C'EST LÀ QUE LES EXCELLENTES COMPÉTENCES EN COPYWRITING ENTRENT EN JEU. Tu dois faire un bon travail pour les convaincre que le prix que tu demandes n'est qu'une fraction de ce qu'il ou elle gagnera en RÉSULTATS en utilisant ton produit. Assure-toi de lire le prochain chapitre.

CHAPITRE 16

Rédacteur ou faites-le vous-même?

À ce stade, tu devrais avoir une idée du produit ou service que tu souhaites produire et commercialiser. Tu devrais avoir une compréhension complète de la mathématique des produits de réponse directe.

Maintenant, tu as assez de données pour commencer à créer une lettre de vente ou une annonce de magazine pour ton produit. Tu peux créer toi-même ton matériel de vente ou tu peux engager un Copywriter Professionnel pour faire le travail à ta place.

Si tu avais quelques milliers de dollars supplémentaires à dépenser même pour un copywriter de bas niveau, je te le recommanderais.

Mais d'un autre côté, si tu as juste assez d'argent pour réaliser un test d'envoi de 2 500 pièces... ou si tu es simplement le type de personne qui veut faire tout par soi-même... tu dois étudier les cinq prochains chapitres qui concernent la création de la lettre de vente ou de l'annonce de magazine.

Si tu veux aller sur la voie la plus sûre et engager un copywriter pour faire le travail pour toi... tu peux dépenser de 500 dollars... jusqu'à 15 000 dollars et plus pour les copywriters de premier niveau comme moi.

Si tu venais à moi et me demandais de créer ton matériel de vente... si nos programmes ne sont pas en conflit... tu regardes à 15 000 dollars plus un pourcentage sur les ventes brutes si la lettre ou l'annonce est lancée.

Trop d'argent ? Pour certains oui, pour d'autres non.

Le coût que tu dépenses en publicité, que ce soit dans des magazines ou par courrier, coûte le même montant indépendamment du fait que ton "discours" attire 100 commandes... ou 1 000 commandes. Pourquoi ne pas faire travailler tes dollars publicitaires autant que possible pour toi ?

Je crois que 80% des copywriters peuvent produire de la publicité "bonne", 15% peuvent créer de la publicité "excellente"... et 5% peuvent produire de la publicité absolument "PHÉNOMÉNALE".

Veux-tu savoir si tu es aussi bon que les 80% qui peuvent créer de la publicité "bonne" ? Lis les cinq prochains chapitres... étudie-les... puis écris ton propre morceau de courrier ou annonce. Es-tu assez confiant pour l'imprimer et attacher 37 centimes de timbre ? Si c'est le cas, vas-y.

Si non, ce chapitre est pour toi.

Écrire un excellent texte vient avec l'expérience. Même si tu as un peu d'argent à investir, un copywriter économique peut encore produire un texte "bon"... sinon, il travaillerait chez McDonald's.

Voici ce que tu devrais faire si tu cherches un

copywriter.

Cherche sur internet... fais une recherche sur Google pour copywriter... mais assure-toi qu'ils soient des copywriters DE RÉPONSE DIRECTE - ceux qui ont réellement des échantillons d'autres lettres de vente et annonces de magazines qu'ils peuvent t'envoyer pour réviser et juger leurs compétences.

Assure-toi de demander au copywriter s'il a eu des expériences dans l'écriture pour des produits similaires aux tiens. S'il en a, assure-toi d'obtenir des échantillons ! Si tu aimes ce que tu vois, parle de prix avec eux.

Après avoir lu les prochains chapitres, même si tu décides de ne pas écrire ta première lettre de vente ou annonce, tu peux au moins avoir assez de compétences pour "reconnaître" une copie publicitaire bonne, excellente ou horrible.

CHAPITRE 17

Le courrier

Avant même de penser à écrire un mot, nous devons avoir une idée approximative des caractéristiques de ta lettre.

Qualité du Papier

Ne te laisse pas tromper en pensant que tu dois utiliser du papier de haute qualité. Juste du simple vieux papier blanc standard de 20 lb suffit. Un papier plus lourd... ou brillant ajoute seulement au coût d'impression et aux frais d'expédition, car il est plus lourd. Reste avec le standard.

Utilisation de la Couleur et des Photographies

Tu veux savoir quelque chose ? Mes lettres de vente les plus réussies étaient monochromes (encre noire seulement), et généralement sans photos ! Devenir trop élaboré peut en fait nuire à la réponse. Garde les choses simples.

Adresse

Quand il s'agit d'adresser ton enveloppe avec l'adresse et le nom du client... n'utilise pas d'étiquette postale. L'astuce ici est de ne pas la faire ressembler à du courrier indésirable. Tu veux imprimer les adresses directement sur ton enveloppe.

Timbre

Ce que tu devrais faire, c'est appliquer un vrai timbre de Première Classe. Il ne doit pas ressembler à du courrier indésirable.

Moins N'Est Pas Mieux

Penser que tu peux économiser quelques dollars en éliminant certains éléments du paquet de mailing, c'est une erreur. Si tu réduis la lettre de vente de 4 pages à 2... tu réduiras aussi ta réponse. Ce que le Bureau de Poste nous permet de faire est d'envoyer jusqu'à une once pour 37 cents... et nous voulons que notre pièce de courrier direct pèse exactement 0,9 once ou même une once ronde. Maximise ce que tu peux envoyer pour une once !

Maintenant, tu peux commencer à rassembler des idées pour les titres en recueillant des questions et réponses que tu penses que les clients potentiels peuvent avoir, en recueillant des témoignages... etc.

Mais avant de passer à l'utilisation de graphiques et de typographie dans le prochain chapitre... parlons de la première chose que ton client potentiel et l'Opérateur Postal verront - TON ENVELOPPE D'EXPÉDITION. C'est une partie cruciale de ton succès en mailing direct.

Le seul but de l'enveloppe est de se faire livrer et ouvrir - c'est tout. Elle n'est pas là pour "vendre"... elle n'est pas là pour dire à ton client potentiel ce que tu vends... elle n'est pas là pour parler de prix... elle est utilisée juste pour contenir le matériel de vente à l'intérieur sans qu'il se disperse dans la rue.

Elle ne devrait pas être tape-à-l'œil. Elle ne devrait pas être jolie. Voici les deux seules façons dont elle devrait paraître :

1. Elle peut paraître officielle. Elle peut ressembler à une lettre de l'IRS ou d'une Agence Gouvernementale. Elle peut ressembler à une facture de carte de crédit. Elle peut ressembler à une lettre d'un Avocat... ou d'un Docteur... ou d'un Laboratoire Médical.

2. Elle peut être vague, avec juste une adresse de retour et aucun nom d'entreprise ! Pas d'autre mot sur l'enveloppe à part peut-être "Courrier de Première Classe".

Voici quelques excellents exemples d'idées d'enveloppes officielles que j'ai utilisées dans le passé avec grand succès. Je vendais des compléments alimentaires. J'avais le logo de l'entreprise dans le coin card avec l'adresse. Il disait, PharmaCeutic Laboratories et sous le logo, avait l'adresse : 4055 Industrial Blvd. Lyndhurst, New Jersey, 07071. J'ai imprimé tout en encre bleue, donc cela semblait médical. Dans cette lettre de vente, j'avais les résultats d'une étude clinique sur le produit que je vendais, donc sur l'enveloppe, dans le coin inférieur gauche de l'enveloppe, j'ai ajouté les mots : "Courrier de Première Classe - Résultats de Test Importants Inclus".

Pour l'Opérateur Postal qui manipule des milliers de lettres, et pour le destinataire, cela semblait quelque chose d'important. Notre seul objectif en ce moment est de faire livrer et ouvrir la lettre.

Une enveloppe peut sembler personnelle. Une simple enveloppe avec une adresse de retour qui révèle seulement l'adresse et pas le nom... tapée en police "courier" ou même écrite à la main... avec le nom du destinataire au centre. C'est une enveloppe simple et elle est toujours ouverte. Ne t'inquiète pas de ne pas paraître "Professionnel".

Plus tard dans les années, une fois que tu as une lettre de vente gagnante, tu peux expérimenter avec des copies publicitaires provocantes sur les enveloppes... mais pour maintenant, jouons la sécurité. Souviens-toi, la raison n°1 pour laquelle les gens n'achèteront pas chez toi, c'est qu'ils ne reçoivent pas ou ne remarquent pas ton matériel de vente. Les lettres Personnelles et Officielles sont toujours livrées par le Bureau de Poste et ouvertes par le destinataire !

CHAPITRE 18

Graphiques et typographies

Beaucoup de personnes inexpérimentées gaspillent trop d'argent chez le graphiste, en typographie ou lors de la publication d'une annonce dans un magazine.

Les débutants pensent que plus un message de vente est beau... plus les graphismes sont tape-à-l'œil... plus il est coloré... plus le papier cartonné est brillant... meilleure sera la réponse. Rien ne pourrait être plus éloigné de la vérité.

Je me souviens d'une fois, mon assistant a fait une erreur et a dit à mon imprimeur d'utiliser un carton brillant lourd pour un mailing test. Je voulais un carton offset standard de 60 lb - comme je le fais toujours. J'étais un peu fâché. Après tout, cette erreur de papier aurait fait dépasser la limite d'une once pour mon envoi... et cela signifie 23 cents de plus que j'aurais dû ajouter sur chaque lettre de vente !

Malgré cela, j'ai envoyé le mailing test et il a réussi. Quand j'ai réalisé le mailing à grande échelle, j'ai évidemment utilisé le bon papier. J'ai même enlevé la deuxième couleur que j'avais utilisée pour le titre, le rendant tout en encre noire. La réponse a-t-elle soudainement diminué ? NON. Elle était exactement la même.

Pense-y, quand on t'offre quelque chose que tu

désires, cela t'importe-t-il si la lettre de vente est sur du papier de luxe ? Si jamais, la sophistication du papier détournerait l'attention du message de vente.

Même avec les annonces dans les magazines.

Le secret est dans le message et à faire remarquer et lire le message - pas à être beau.

Beaucoup de copywriters disent "le laid fonctionne", j'y crois. Ils conseillent d'utiliser des papiers de couleurs laides pour les inserts et les lettres de vente. Je ne parle pas de couleurs de papier sombres, difficiles à lire... juste des couleurs étranges, comme le mango.

Elles se démarquent sûrement dans une mer de papier blanc. Je dis que tu devrais d'abord t'inquiéter de faire fonctionner la lettre de vente puis commencer à expérimenter avec les couleurs du papier. Au début, utilise du papier blanc ou crème.

Même pour les magazines. Je ne paie jamais pour ajouter de la couleur à mon annonce. En réalité, pour un magazine qui facture pour une annonce en couleur, c'est une arnaque car de nos jours, les magazines sont tous en couleur. Donc, cela ne coûte pas un centime de plus à l'éditeur d'imprimer ton annonce en couleur.

Dans tous les cas, nous ne voulons pas publier d'annonces en couleur - même si l'éditeur nous les offre gratuitement. Maintenant, cela peut sembler fou, mais le secret pour annoncer avec succès dans les magazines est de se faire remarquer. Si tout le magazine était en couleur... si l'éditeur donne aussi la couleur à tous les autres annonceurs... ce serait un grand avantage pour toi de faire une annonce en noir et blanc. Tu auras l'annonce "la plus visible" dans le magazine !

En ce qui concerne la typographie et le graphisme réels, j'ai un ensemble très strict de règles sur les polices à utiliser, la longueur des phrases, la longueur des paragraphes, etc. Je vais développer plus en détail ci-dessous.

Polices des titres

Quand je crée des titres, j'aime utiliser Arial, Helvetica, Franklin Gothic, Eras ou Times New Roman pour la police. Maintenant, il y a une différence entre les polices : il y a les Sans Serif et les Serif. Il y a eu des études montrant que les polices Serif ont un niveau de compréhension meilleur. Mais pour les titres, où il y a juste quelques mots simples, tu es libre d'utiliser le type Sans Serif. Si c'était moi, je te dirais de rester avec l'Helvetica.

Polices des sous-titres

Quand tu crées le texte des sous-titres, tu peux utiliser la même police que le titre... juste plus petite... pas aussi grasse... et peut-être en italique. Si tu ne veux pas utiliser la même police, tu es libre d'utiliser Times New Roman.

Polices du corps du texte

Quand tu crées le corps du texte, n'utilise jamais une

police Sans Serif. Utilise toujours une police Serif comme Times New Roman ou Courier. (Courier doit être utilisé seulement dans les lettres de vente et non dans les magazines. Les magazines devraient toujours utiliser Times New Roman.) Courier est une excellente police qui ressemble à une machine à écrire. Elle est super facile à lire... mais prend plus de place par rapport à Times New Roman. Donc, si tu as de l'espace... opte pour Courier. Sinon, Times New Roman est bien.

En-têtes de paragraphes

Pour les en-têtes de paragraphes, si tu utilises Times New Roman pour le corps du texte, tu peux utiliser la même police... juste en gras. Si tu utilises Courier pour le corps du texte et veux l'utiliser pour les en-têtes de paragraphes, tu voudras le souligner... puisque mettre Courier en gras n'est pas très joli selon moi. Parfois, j'utilise Helvetica en gras pour mes en-têtes de paragraphes... indépendamment si j'utilise Times New Roman ou Courier pour mon corps de texte.

Graphismes élaborés ?

Maintenant, je ne veux pas que tu partes créer des annonces et des lettres de vente laides... mais elles n'ont pas besoin non plus d'un graphisme coûteux.

Qu'est-ce qui te fait lire un article du New York Times ? Un bon titre qui t'attire dans le corps du texte. Les graphistes veulent toujours montrer leurs compétences en rendant les choses belles. D'accord. Mais dis-leur d'utiliser leurs compétences sur tes cartes de visite et papier à en-tête, pas sur ta publicité!

Quand il s'agit de magazines, un truc que vous devriez utiliser est de faire en sorte que votre annonce soit "Prête pour la Publication". Apporte ta copie de vente au graphiste... si tu en utilises un... et apporte-lui une copie du magazine où tu placeras ton annonce. Reproduis le plus fidèlement possible la mise en page éditoriale. En bas de l'annonce... assure-toi d'insérer les mots "Spécial Publireportage" en italique... peut-être avec un noir plus estompé... pour qu'il soit présent... mais pas trop évident. De cette manière, tu peux éviter le gros mot "PUBLICITÉ" en lettres capitales.

Pourquoi voudrais-tu que tes annonces ressemblent à un article du magazine ? Eh bien, les lecteurs d'un magazine font confiance au magazine qu'ils lisent. C'est pourquoi ils l'achètent... s'y abonnent... et le lisent. Ils font confiance. Et la confiance et la crédibilité sont l'une des raisons, sinon LA raison principale, pour laquelle les gens n'achètent pas ton produit.

Il a été prouvé que les publicités de style "éditorial" attirent et sont lues par 500 % de personnes en plus par rapport aux annonces belles, fantaisistes et surchargées de graphismes. Tu n'es pas là pour être beau... tu es ici pour attirer l'attention. Les formats éditoriaux attirent plus l'attention.

Photos

La plupart de mes envois directs n'ont pas de photos. Mes annonces dans les magazines ont généralement une photo du visage de quelqu'un dans le coin supérieur droit avec une légende. Une photo pourrait être un excellent accroche dans un magazine... pas tant dans les lettres de vente directe.

Voici mon avis sur les photos de produits. À moins qu'il ne soit conçu par Apple Computer... sexy comme un Powerbook... ou un iPod... ou un nouveau G5... je n'inclurais pas une photo du produit que tu vends. Pourquoi ? Les chances sont qu'il ne sera pas aussi beau que l'image que le lecteur en aura dans son imagination.

Légendes

Dans les annonces de magazines, la première chose que les gens voient est une image, puis la légende sous la photo... parfois même avant de lire le titre ! Il est crucial d'avoir une légende accrocheuse sous toute photo que tu utilises. La légende est une partie énorme d'une annonce et je ris quand je vois une légende et qu'il y a le nom du photographe ! Une légende est le PS : dans une lettre de vente (j'en parlerai dans un chapitre ultérieur).

Longueur des Paragraphes

Je parlerai plus de cela dans le prochain chapitre... mais tu devrais garder tes phrases à pas plus de sept mots... et tes paragraphes à pas plus de sept lignes.

Les Américains lisent au niveau de la 5ème année. Tu dois garder les phrases courtes... sept mots ou moins.

Coupon

Je veux que mes annonces dans les magazines ressemblent à des articles... je veux que mes lettres de vente ressemblent à de vraies lettres. Si mon offre ne nécessite pas une option de paiement par chèque ou mandat postal et j'accepte uniquement les cartes de crédit, je n'utilise jamais de coupons. Mais pour certaines promotions qui acceptent les chèques, j'utilise une carte de commande dans le mailing direct... et dans les annonces de magazines, c'est vraiment ton choix pour les bons de commande. Si tu vises un aspect éditorial... ne les utilise pas.

CHAPITRE 19

Le copywriting

Alors, tu es prêt à relever le défi et à écrire ta propre annonce ou lettre de vente ? Bien pour toi. C'est comme ça que je l'ai fait... malheureusement pour moi... je n'étais pas au courant qu'il existait des tonnes de livres écrits il y a longtemps qui auraient pu m'apprendre beaucoup de choses que j'ai dû découvrir par moi-même.

J'ai consacré seulement quelques chapitres de ce livre à l'écriture de textes publicitaires. Je l'ai fait pour une raison. La dernière chose dont le Monde avait besoin était un autre livre sur le copywriting ! Ce dont le Monde avait besoin, c'était d'un livre qui enseignait comment conceptualiser, organiser et implémenter les techniques nécessaires pour vendre des produits et services via la réponse directe.

Je vais traiter de l'écriture de textes de la meilleure manière possible dans ce chapitre... mais si tu veux recevoir une éducation supérieure sur l'art fin de l'écriture de textes... il y a beaucoup de livres qui peuvent vraiment approfondir le sujet. Je liste certains de mes favoris vers la fin de ce livre.

Le niveau de ta capacité à convaincre les gens te dira combien tu seras riche... pas seulement dans cette affaire... mais dans toutes les affaires. Les personnes qui savent mieux vendre, font plus de ventes... et gagnent plus d'argent. Et pour vendre, tu dois faire voir les choses de ton point de vue. Ils doivent être d'accord avec toi. Ils doivent sentir que tu as à cœur leur meilleur intérêt. Je t'apprendrai comment faire cela.

Avant de commencer réellement à parler de l'écriture de textes, voici un excellent exemple de copywriting de haut niveau pour un supplément de musculation qui a obtenu des résultats exceptionnels.

****

Nouvelle Pilule Extraordinaire... Testée et Cliniquement Prouvée en Russie...

CHAQUE ENTRAÎNEMENT TE DONNERA LES MUSCLES DE TROIS!

Imagine - Chaque répétition... Chaque squat... Chaque pression... te donnant les résultats explosifs de trois... surpassant même les Stéroïdes les plus puissants - et illégaux ! Tu ne me crois pas ? Les magazines de bodybuilding populaires comme Muscular Development ne nous croyaient pas non plus... mais après avoir connu les faits, ils disent maintenant, "Les Stéroïdes Sont Obsolètes !"

Cher Ami,

Est-ce vrai ? La science moderne a-t-elle finalement créé une pilule qui peut te faire ressembler à un Bodybuilder Professionnel... sans te tuer à la salle de sport ?

Mon nom est Benjamin Bergin. Je ne suis pas un professionnel de la publicité. Mais ce que j'ai à partager avec toi est si extraordinaire et si puissant que j'ai décidé de t'écrire personnellement. Alors supporte-moi un peu.

La compagnie pour laquelle je travaille, MedEx Laboratories, produit une nouvelle pilule qui vient d'être cliniquement prouvée pour augmenter ta masse musculaire de 310% - sans investir les habituels 3-5 ans qu'il faut au bodybuilder moyen pour devenir "massif".

En fait, je crois que notre nouvelle pilule rend littéralement obsolètes tous les autres stéroïdes synthétiques ou naturels sur la planète ! Je suis tellement enthousiaste à propos de notre nouvelle découverte que je dois me défouler avant d'EXPLOSER !

Imagine juste ceci...

Avaler quelques pilules faciles à avaler et expérimenter 3 à 5 ans de "résultats de gym" en quelques mois. Tu auras des bras plus gros de 3 pouces entiers... déchirant les manches de tes chemises.

Tu ajouteras tellement de centimètres à ton buste supérieur que tu devras donner tous tes costumes à l'Armée du Salut parce qu'ils ne te rentreront simplement plus ! Et quant à tes jambes... oublie ça. Elles n'entreront pas dans ces jeans que tu as - peu importe à quel point tu les portes larges !

Mais ce qui pourrait t'exciter le plus, c'est que les femmes convoiteront ton corps "macho"... même si actuellement il ressemble à un "cheesecake" mou ou pire encore, à un "cupcake" maigre ! Ce serait quelque chose... n'est-ce pas?

Une Simple Pilule Peut-Elle Vraiment Faire Tout Cela Sans Passer De Nombreuses Heures À La Salle De Sport?

Écoute - Je sais que ce que tu lis contredit tout ce que tu as toujours pensé à propos de la construction musculaire. Je sais que ça semble incroyable... Je n'y croyais pas non plus au début. Mais tout ce que je te demande, c'est de lire cette lettre et, une fois que tu as fini, de tirer tes propres conclusions bien raisonnées.

Des scientifiques de l'Université Johns Hopkins Découvrent Comment Manipuler le Gène GDF8 (surnommé le Gène Schwarzenegger)

À travers la recherche, nous avons découvert le gène principal dans ton corps qui contrôle la taille des muscles. Ce gène produit une protéine qui empêche la croissance musculaire et augmente le stockage des graisses. Il s'appelle le Facteur de Croissance et de Différenciation 8 ou GDF8 en bref.

Si Tu Veux Devenir Musclé et Augmenter ta Masse Musculaire, GDF8 Est Ton Pire Ennemi!

GDF8 est la seule protéine dans ton corps dont le seul but est de T'EMPÊCHER de devenir ÉNORME ! Tout le monde produit naturellement GDF8 dans le corps et c'est la raison principale pour laquelle il est presque impossible d'obtenir des gains dramatiques en taille musculaire et en performance naturellement. C'est parce que chaque fois que tu fais quelque chose qui stimule l'amélioration, ton corps l'arrête avec une explosion de GDF8 !

Si Tu Pouvais Supprimer la Production de GDF8 de Ton Corps, Tes Muscles Gonfleraient Si Rapidement Que Tes Amis Jureraient Que Tu Utilises des Stéroïdes!

Comme je le disais plus tôt, les scientifiques de l'Université Johns Hopkins ont découvert que supprimer la production de GDF8 chez les animaux leur permettait d'atteindre des niveaux de musculature STUPÉFIANTS ! Des souris produisant peu ou pas de GDF8 étaient 300% plus musclées que les souris normales ! Et bien sûr, les souris n'ont pas soulevé de poids pour devenir 300% plus musclées !

Et maintenant, nous apportons ce formidable suppresseur de GDF8 sur le marché pour les humains. Il s'appelle DynaBolics et il semble que tous ceux qui l'utilisent obtiennent des résultats difficiles à croire !

DynaBolics est complètement sûr et naturel. Son ingrédient principal est dérivé d'une algue marine rare et exotique, qui a été prouvée capable de se lier à la protéine GDF8 qui combat les muscles.

C'est assez simple à comprendre... Pour que GDF8 puisse exercer sa fonction de limiter la croissance musculaire, il doit d'abord trouver son chemin vers tes muscles. DynaBolics est conçu pour se lier à la protéine GDF8, l'empêchant de trouver son chemin vers tes muscles. Lorsque GDF8 est désactivé ou réduit, il n'y a pas de limite à ta croissance musculaire!

Dans le Passé, les Bodybuilders et les Athlètes

Professionnels Auraient Rampé sur du Verre Brisé Pour Mettre la Main Sur Un Supplément Aussi Radical... Mais Grâce à la Science Moderne, DynaBolics N'Est Qu'à Un Coup de Téléphone!

DynaBolics offre un avantage dans la construction musculaire jamais disponible auparavant au grand public. Ce n'est pas seulement mieux que les poudres protéinées, l'hormone de croissance ou les stéroïdes... il les rend OBSOLÈTES !

Regarde - même si tu es le type "difficile à grossir" ou même si tu es déjà GROS mais que tu sens avoir "atteint la limite" ou même si tu n'as jamais soulevé de poids dans ta vie et que tu veux devenir ÉNORME rapidement, DynaBolics pourrait transformer ton corps si radicalement, que même tes animaux de compagnie ne te reconnaîtront pas !

Non Seulement Une Réduction du GDF8 A Prouvé D'Augmenter Explosivement la Taille Musculaire... Il A Également Été Prouvé Qu'Il Brûle les Graisses Comme Du Beurre Jeté Dans Une Poêle Chaude!

Dans les études, une diminution du GDF8 a résulté en une perte de graisse de 35% à 50% ! Cela signifie que tu pourrais perdre de la graisse corporelle si rapidement et furieusement, que ta peau agira littéralement comme un "Film Thermorétractable" pour montrer tes muscles saillants.

DynaBolics est le supplément parfait... tu sais, la pilule "magique" dont nous avons tous rêvé ? Certaines des revues de bodybuilding les plus populaires semblent le penser. Mais voici comment tu peux décider par toi-même...

DÉCOUVRE Toi-même Pourquoi Le Magazine Muscular Development Dit... "Les Stéroïdes Sont Dépassés!"

Si tu es intéressé à essayer DynaBolics, une agréable surprise t'attend... au lieu de payer le prix de détail de 99,95 $ par bouteille; ton premier approvisionnement de 30 jours de DynaBolics peut être acheté pour seulement 59,95 $... mais seulement pendant cette promotion inhabituelle. (on en parlera plus tard)

Un Corps Nouveau, Musclé et À la Hulk Vaut-il 59,95 $ Pour Toi?

Ça vaudrait certainement le coup si tu es célibataire et qu'après avoir pris DynaBolics, tu commences à attirer de belles femmes, deux fois plus belles que tes ex. Peux-tu imaginer la nouvelle vie sexuelle qui t'attend?

Ça vaudrait certainement le coup si tu te retrouvais jamais dans une situation de confrontation violente avec un ou plusieurs hommes. Quand ta sécurité est en jeu, ta force brute est tout ce que tu as pour survivre. Si tu étais ÉNORME, penses-tu vraiment qu'il serait facile pour d'autres hommes de t'embêter? Je ne pense pas!

Ça vaudrait certainement le coup si tu étais un homme d'affaires, surtout si tu dois négocier des affaires à haut risque. Crois-moi - tu dominerais toujours l'affaire, sortant de la salle de réunion avec tout ce que tu veux. Ces maigrichons seraient trop effrayés pour te dire "non"... Ils penseraient que tu pourrais les frapper à la tête avec l'un de tes canons!

Imagine juste combien ce serait génial si tu avais 15 ou 25 livres de plus en muscles durs comme la roche et en même temps, tu étais beaucoup plus mince... Les femmes te courtiseraient... Tu instaurerais PEUR et INTIMIDATION dans le cœur de chaque homme avec qui tu entres en contact, personnellement et professionnellement!

DynaBolics est conçu pour changer totalement la manière dont les gens "voient" toi à leurs yeux!

Qui D'autre Veut Commencer À Expérimenter Une Croissance Étonnante En Quelques Semaines?

DynaBolics pourrait fonctionner si rapidement qu'en quelques semaines, tu pourrais commencer à remarquer que les manches de ta chemise et les jambes de tes pantalons deviennent plus serrées et plus longtemps tu utilises DynaBolics, plus GRAND et ÉNORME tu pourrais devenir!

Je parie que tu voudrais continuer à prendre DynaBolics pendant des années... Pourquoi un homme sain d'esprit voudrait-il arrêter de l'utiliser? DynaBolics est probablement l'innovation la plus incroyable qui ait jamais frappé le monde du bodybuilding!

Muscles Instantanés Pour Ceux Qui Restent Sur Le Canapé?

DynaBolics est conçu pour se lier au GDF8, qui maintient tes muscles petits. La plupart des utilisateurs ne sont pas des bodybuilders. Mais comme pour tout dans la vie, plus tu t'engages, plus tu expérimentes de résultats. Si tu aimes t'entraîner... tes résultats seront seulement plus rapides.

Il est possible d'obtenir des tailles de champion en environ 12 à 16 semaines - au lieu des 3 à 5 ans qu'il faut habituellement!

Imagine Comment Tu Pourrais Apparaître Juste Après Quelques Mois...

Semaine après semaine... tu te trouveras devant le miroir, mètre ruban à la main - avec un sourire sur le visage qui simplement ne disparaîtra pas. Bras, poitrine et abdomen si définis que tu penseras que ce n'est pas vraiment "ton" corps... Tu devras te pincer pour prouver que c'est vraiment "Tout Toi"!

DynaBolics A Été Créé Pour DOUBLER Ta Force Actuelle... DOUBLER Tes Dimensions Actuelles... et Peut Rendre Ta Définition Si Bien Sculptée Que Tu Sembleras Une Statue Grecque!

Prends DynaBolics pendant 16 semaines et si tu ne "SENS" pas tes bras grandir... tu ne "SENS" pas ta force augmenter... et tu ne "VOIS" pas la graisse commencer à s'évaporer... renvoie les bouteilles vides pour un remboursement du DOUBLE DE TON ARGENT du prix d'achat. Je peux t'offrir une garantie sans risque parce que JE SAIS qu'un nombre écrasant d'hommes qui utilisent ce produit expérimentent des résultats qui défient presque la croyance! Je te mets au défi de nous dire que ces pilules ne changent pas ta vie.

Alors, ce que tu devrais faire maintenant, c'est

commander DynaBolics. Nous avons actuellement une promotion spéciale où tu peux obtenir ton premier mois de fourniture pour seulement 59,95 $ par bouteille. Alors, garde ta carte de crédit à portée de main et appelle le 1-800-123-4567 ou envoie ta commande par courrier. L'adresse est le 7500 West Lake Mead Blvd., Suite 9-482, Las Vegas, Nevada 89128. Les stocks sont limités, et chaque jour qui passe est juste un jour de plus que tu devras attendre pour avoir ce corps musclé, fort et sexy que tu as toujours voulu! Et rappelle-toi, tu obtiendras le DOUBLE DE TON ARGENT RETOUR si DynaBolics ne t'impressionne pas après 120 jours.

Mais tu dois te dépêcher - je n'ai que 2384 bouteilles en stock - c'est assez pour durer environ 7 jours ou à peu près. Et à ce bas prix (65% de réduction), elles seront sûrement épuisées en une semaine. De plus, pour éviter que tu aies à payer notre prix de détail de 99,95 $ pour les bouteilles futures (si tu peux même mettre la main dessus car notre stock est si limité), tu recevras une MEMBERSHIP GRATUITE à notre Club de Clients Privilégiés - habituellement réservée aux Bodybuilders Professionnels, où tu économiseras 60 $ sur toutes tes fournitures mensuelles futures. Ainsi, tu ne passeras pas un jour sans DynaBolics dans ton système - même lorsque nos stocks seront épuisés pour le grand public, tu es GARANTI de recevoir une nouvelle fourniture mensuelle de 30 jours - envoyée automatiquement et tu ne paieras que 39,95 $ plus 7 $ de frais de port et de manutention. Annule les envois à tout moment.

Merci,

Benjamin Bergin pour MedEx Laboratories

Pour Commander Appelle : 1-800-123-4567

PS : Quel homme ne voudrait pas de DynaBolics ? Juste quelques pilules par jour et en peu de temps, tu pourrais "POSSEDER" ces muscles qui ont toujours été trop damnés difficiles à construire sans d'innombrables heures dans la salle de gym! Finalement... si tu bloques les effets du GDF8 assez longtemps, tu pourrais littéralement atteindre un physique musculaire si énorme, qu'il était une fois impossible à obtenir - mais Le Futur Est Arrivé !

PPS : L'ingrédient actif dans DynaBolics est une rare algue marine appelée Cystoseria Canariensis, qui a été découverte pour la première fois par des chercheurs de l'Université de Las Palmas en Espagne. La production de cet ingrédient est impossible sans l'utilisation d'une ferme hydroponique contrôlée avec précision pour maintenir les conditions de croissance idéales. Cela signifie qu'une petite quantité de cet ingrédient peut être produite à la fois. Donc, pour t'assurer que tu seras en mesure de réserver DynaBolics, il vaut mieux que tu commandes maintenant.

Une fois que nous serons à court de DynaBolics, nous serons forcés de refuser de nouveaux clients jusqu'à ce que le prochain lot soit disponible, ce qui pourrait être dans 120 jours à partir de maintenant. Donc, je le répète, notre numéro de téléphone est le 1-800-123-4567 ou si tu peux, envoie les informations de ta carte par courrier. Notre adresse est le 7500 West Lake

Mead Blvd., Suite 9-482, Las Vegas, Nevada 89128. Et n'oublie pas que tu es protégé par une garantie de REMBOURSEMENT DOUBLE DE CE QUE TU AS DÉPENSÉ de 120 jours... donc il n'y a aucun risque de ta part ! Tu n'as rien à perdre... c'est aussi simple que ça.

PPPS : Assure-toi de lire les RÉSULTATS DE L'ÉTUDE CLINIQUE de Zakir Ramazanov, PhD, Musa Abidov, MD, et Miguel Jimenez del Rio, PhD. C'est la PREUVE SOLIDE que c'est RÉEL.

****

Puis-je te poser une question... après avoir lu cela, même si tu n'étais pas un bodybuilder... cela t'a-t-il un peu secoué ? C'était un excellent exemple de texte captivant. Tu devrais vouloir que toutes tes lettres de vente sonnent aussi convaincantes.

Il y a un couple de choses que je veux couvrir qui sont les "règles d'or" de l'écriture publicitaire.

TOI... pas NOUS.

Tu sais ce qui m'énerve ? Quand je reçois des lettres par courrier d'une entreprise qui sonne comme ça, "Nous sommes si heureux d'annoncer notre nouvel établissement. Nous sommes fiers d'avoir le meilleur service, les meilleurs prix et la plus large sélection. Nous pensons que nos clients sont très importants pour nous, et nous les traitons comme de la famille, nous, nous, nous, nous, nous, bla... bla... bla... bâillement... bâillement..." - évidemment, ça finit à la poubelle.

Tu ne peux pas écrire des textes publicitaires de cette façon. Le lecteur se fiche de toi et de ton établissement... ou de ce que tu ressens ; "nous" est aussi mauvais que de dire des GROS MOTS dans tes lettres de vente.

La bonne manière d'écrire est du point de vue du lecteur. Tu voudras dire "Tu" plusieurs fois... et pour chaque 5 fois que tu dis "tu", c'est bien de dire "Je".

Écris à la Première Personne

C'est assez facile à comprendre. Écris dans un langage simple comme si tu parlais vraiment à la personne à qui tu écris. Juste comme si c'était un script que tu devrais lire à haute voix... tu dois écrire à la première personne... de la manière dont a été écrit ce livre entier... de la manière dont a été écrite la lettre de vente que j'ai partagée.

Urgence

Quand tu arrives à la "clôture" de ta lettre... tu voudras les faire commander tout de suite. Si tu les laisses poser la lettre et y penser plus tard... ou même commander plus tard... il y a une chance qu'ils oublient de commander ! Tu veux les pousser à commander sur le moment... comme s'ils étaient chanceux d'avoir reçu ta lettre de vente ou lu ton annonce à temps pour "entrer" dans cette offre !

Si tu as une quantité limitée, dis-le. Si ton prix va augmenter... dis-le... Si les bonus spéciaux gratuits sont seulement pour les premiers 250 qui commandent... dis-le. Mais, plus important encore, assure-toi que ce soit crédible. Donne-leur une raison pour laquelle c'est un produit rare... et la quantité est limitée... comme je l'ai fait dans la lettre de vente que j'ai partagée plus tôt dans ce chapitre (l'algue marine rare appelée Cystoseria Canariensis...)

Comment rendre crédible que cet ingrédient était rare? Il a une histoire derrière. Cela a du sens pour le lecteur.

Même si tu dois "inventer" ta propre technique d'urgence... Gary Halbert m'a raconté une promotion de vente de meubles sur laquelle il travaillait avec un client. Il est effectivement allé dans l'entrepôt avec son client et a fait un trou dans le toit de l'entrepôt, puis a fait une annonce disant que tous les meubles devaient être vendus - même à perte, parce que la femme du propriétaire du magasin avait fait mettre une livraison dans l'entrepôt mauvais. Comme il allait pleuvoir dans les prochains jours... et comme l'entrepôt avait un trou dans le toit... tout devait être vendu - même s'ils perdaient de l'argent sur la vente... sinon, les meubles seraient inutilisables ! Ont-ils vraiment fait un trou dans le toit ? Qui sait... mais tu vois ce que je veux dire.

La Première Phrase "SI/ALORS"

Un moyen éprouvé pour commencer une lettre de vente est d'utiliser la première phrase Si/Alors. Ça se passe plus ou moins comme ça : "Si tu cherches à gagner 19,7 livres de muscle dur comme la roche

USDA Prime dans les prochains 30 jours... alors ce sera la lettre la plus importante que tu liras toute la semaine !" J'utilise différents types de phrases d'ouverture... mais cette version fonctionne... je suppose que tu veux jouer la carte de la sécurité, éprouvé, fiable... c'est ça ?

Les Légendes

Si tu utilises une photographie... tu dois absolument utiliser une légende sous l'image. Dans une annonce de magazine, la première chose qu'un lecteur voit est l'image... la deuxième chose qu'il fait est de lire la légende... parfois même avant de voir ou de lire le fichu titre ! UTILISE TOUJOURS UNE LÉGENDE SOUS UNE PHOTO SI TU UTILISES UNE PHOTO !

Le "P.S."

Le P.S. est la deuxième chose la plus lue dans une lettre de vente. La première chose qu'ils lisent est le titre, puis ils vont directement au P.S. Il serait sage de résumer toute l'offre en quelques mots pour le P.S. de n'importe quelle lettre de vente. Imagine que seul le P.S. soit lu, tu dois transmettre toute l'offre à ton lecteur même s'il ne lit pas la lettre.

La Longueur du Texte

La quantité de texte à écrire peut être comparée à la robe d'une femme. Assez courte pour maintenir ton intérêt. Assez longue pour couvrir l'essentiel.

Habituellement une page entière dans un magazine... quatre pages dans une lettre de vente... à moins que tu ne sois en train de vendre un produit que tout le monde connaît déjà - comme le logiciel Microsoft Office. Une simple carte postale publicitaire annonçant une réduction de prix aura plus de succès qu'une lettre de 4 pages parlant de comment Microsoft l'a créé.

Les 6 Parties d'une Vente Dans Ton Annonce ou Lettre de Vente

1. La Headline

La Headline est la partie la plus importante de ta lettre de vente ou annonce. Cinq fois plus de gens liront ton titre par rapport à ton texte. J'ai vu un titre surpasser un autre de 300% jusqu'à 1900%. Même texte... Même produit... Même prix... Même média... la seule différence était le titre.

Le prochain chapitre t'apprendra tout sur les titres et comment les écrire. Le livre d'Eugene Schwartz, "Breakthrough Advertising", a consacré la moitié du livre à enseigner comment trouver et écrire une headline! C'est vraiment important!

2. L'Histoire de Fond ou le Lancement

Ici, tu parleras de ta frustration, des douleurs qu'elle

implique, comment tu l'as résolue, avec quoi tu l'as résolue et comment ça fonctionne.

3. La Proposition

Ici, tu entreras dans le détail de comment le produit peut aider le lecteur et pourquoi il devrait l'utiliser.

4. L'Offre Exacte

Ici, tu parleras du prix et de ce que le lecteur obtiendra en échange de son argent... ce que l'achat inclut... et les bonus gratuits... etc.

5. La Garantie

Ici, tu élimineras tous les risques que ton client potentiel craint. Tout ce qui pourrait le faire penser qu'il y a une chance qu'il perde son argent si cela ne se révèle pas être ce que tu as dit que ce serait. Tu dois éliminer cette sensation. Tu dois l'assurer de manière puissante, qu'il ne court aucun risque financier en décidant de suivre son instinct et de commander cette chose par courrier - d'un total inconnu - sans même la voir !

6. La call to action (CTA)

Ici, tu lui diras comment commander. Quels numéros appeler... où envoyer un chèque ou un mandat postal. Et peut-être même un petit incitatif. Voici une version que j'ai "copiée" d'une annonce de Joe Karbo, que j'aime encore aujourd'hui...

"Regarde - Dans 30 jours, tu peux juste être un mois plus vieux, ou tu peux être sur le chemin vers la liberté financière. À toi de décider. Tu n'as rien à craindre, car tu es protégé par une garantie de REMBOURSEMENT DOUBLE DE TON ARGENT de 30 jours. Alors, prépare ta carte de crédit et appelle tout de suite le 1-800-123-4567, avant que le stock limité de 327 ne soit épuisé pour toujours."

J'adapte cette fermeture à presque chaque produit que je vends.

Les 5 Composants d'une Publicité Gagnante ou Lettre de Vente

1. Attirer l'Attention

Tu as besoin d'un appel visuel fort pour ta publicité ou lettre de vente. Un titre killer... une photographie... une mise en page attrayante qui ne se "fonde" pas avec les autres publicités dans le magazine.

2. Montrer aux Gens le Bénéfice de l'Utilisation de Ton Produit

Le corps du texte montrera au client potentiel pourquoi ton produit existe. Pourquoi les gens l'achètent. Ce qu'il fera pour la personne qui l'utilise.

3. Prouver que Ce que Tu Dis a un Bénéfice

Il y a des tonnes d'aides pour la perte de poids. Mais ce que tu vends a été cliniquement prouvé pour brûler jusqu'à 930 calories en une journée. C'est presque la moitié de l'apport calorique journalier de 2000 calories d'une femme. Ce résultat d'étude doit soutenir tes affirmations... sinon, ta déclaration entrera par une oreille et sortira par l'autre.

4. Persuader les Gens de Saisir Ce Bénéfice

Tu devras dire à ton client potentiel pourquoi il devrait saisir le bénéfice que ton produit offre. Tu as déjà attiré son attention. Tu lui as déjà dit ce que ton produit peut faire pour ses utilisateurs. Puis tu as prouvé que c'était vrai. Maintenant, tu dois le persuader de saisir ce bénéfice. Tu peux l'attirer avec un excellent prix... une grande garantie... LES DEUX. Les possibilités sont illimitées.

5. Inclure une CTA

Maintenant, tu dois conclure l'affaire, les faire sortir leur portefeuille et t'appeler immédiatement. Si tu as une fermeture faible... ils pourraient poser la lettre et continuer leur vie. Tu dois clôturer correctement. Voici 4 étapes que j'utilise pour demander l'argent:

A. Crée une offre que personne saine d'esprit ne pourrait refuser.

Mets-y tout. Tous les bonus que tu peux inclure. Rends-la si incroyable que ce serait un vrai idiot de ne pas la saisir.

B. Élimine tous les risques de l'esprit de ton client.

Les gens ont peur de perdre leur argent. Il y a des arnaqueurs partout. Tu n'es pas la première lettre de vente ou publicité qu'ils lisent dans leur vie. Ils ont tout vu et tout lu avant. Ils ont été arnaqués par le passé. Ils savent que ta copie de vente est probablement pleine d'exagérations. Mets-le dans une position où il "pense" que ça te ferait vraiment mal s'il voulait récupérer son argent.

C. Allume un gros, gras feu sous son derrière.

Si ton client potentiel procrastine... tu as perdu une commande. Il doit commander maintenant ! Tout de suite ! Sans y réfléchir ! Et la manière de faire ça est de lui faire savoir que s'il tarde... il n'obtiendra pas la vidéo gratuite... il n'obtiendra pas le prix bas... il ne sera même pas capable de mettre la main sur le produit.

Tu vois ça dans les infopublicités tout le temps... "Commande dans les prochains 14 minutes et tu recevras la vidéo de Démarrage Rapide de John - où tu apprendras étape par étape... bla... bla... bla... une valeur de 30 $ - à toi absolument gratuitement!" Évidemment, les opérateurs de commande ne sont pas là avec un chronomètre... comptant les minutes... ou attendant jusqu'au 250ème ordre... mais c'est une technique qui fonctionne... tant que tu t'assures qu'elle est crédible. Évidemment, si tu écris cela dans une lettre de vente ou une annonce de magazine, tu ne diras pas "14 minutes"... tu dirais 5 jours... les 250 premières personnes... etc.

D. Rends la commande aussi simple que possible.

Certaines personnes aiment compliquer les choses. Les gens stupides compliquent les choses simples. Et les gens intelligents simplifient les choses compliquées. Passer une commande ne devrait pas être difficile... mais tu serais étonné de voir combien de marketeurs le gâchent vraiment.

Simple. Un numéro 800... 24 heures sur 24... 7 jours sur 7... même si tu as un répondeur automatique ! Un formulaire de commande simple à remplir... une enveloppe de réponse facile à utiliser pour insérer la carte de commande et l'envoyer par la poste. SIMPLE.

CHAPITRE 20

La Headline

Dans son livre, "Breakthrough Advertising", Eugene Schwartz a entièrement consacré la première moitié de son ouvrage... à la création du titre le plus puissant pour votre publicité. Pourquoi a-t-il fait cela ? La réponse est simple.

Lorsque vous prenez un journal en main et feuilletez les pages... la seule chose qui vous amène à lire un article particulier est le titre. Si le titre ne remplit pas son rôle d'attirer le public approprié... la publicité échouera. Vous savez ce qui est encore plus amusant qu'avoir le mauvais titre ? Ne PAS AVOIR DE TITRE DU TOUT. La plupart des annonceurs utilisent un titre médiocre... ou aucun. C'est pourquoi ils échouent. C'est pourquoi ils disent, "La publicité Ne Fonctionne Pas".

Maintenant, vous n'avez pas toujours besoin de réinventer la roue quand il s'agit de créer des titres. Une fois que vous devenez plus habile dans la rédaction de réponse directe, vous pourriez vouloir explorer la création de titres plus originaux... mais commençons par les bases. Nous allons modeler nos nouveaux titres sur de vieux titres qui ont prouvé qu'ils fonctionnaient... encore et encore au fil des décennies - vendant des millions de produits et services.

J'ai quelques lignes directrices quand je crée des titres :

Essayez de ne pas utiliser la forme négative ;

Évitez l'humour à tout prix ;

Évitez d'essayer d'être mignon ;

Cherchez toujours à avoir l'intérêt personnel du lecteur dans le titre ;

Affirmez le bénéfice le plus précieux de votre produit ;

Jay Abraham raconte un simple échange de titre qui a triplé la puissance d'attraction d'une annonce. Jay faisait du consulting pour une compagnie de financement pour l'or et l'argent. Cette compagnie offrait des financements bancaires pour 2/3 sur l'or et l'argent à condition qu'ils puissent garder l'or ou l'argent physique. Ils publiaient de grandes annonces dans les journaux et leur titre était...

"Financements Bancaires pour 2/3 sur Tout l'Argent et l'Or"

À ce moment, leurs annonces faisaient juste équilibre. L'annonce générait suffisamment de ventes pour couvrir la publication des annonces... payer les commissions aux vendeurs... et fondamentalement garder les lumières allumées. Cette compagnie a appelé Jay et en quelques minutes, il a changé le titre en ceci :

"Si l'Or est Vendu pour 300 $ L'once, Envoyez-Nous Seulement 100 $ et Nous Vous Achèterons Tout l'Or que Vous Voulez"

Ce simple échange de titre a résulté en une

augmentation immédiate de 300% dans la puissance de vente de leurs annonces. Et cette compagnie avait un autre titre pour l'Argent...

"Si l'Argent est Vendu pour 6 $ L'once, Envoyez-Nous Seulement 2 $ et Nous Vous Achèterons Tout l'Argent que Vous Voulez"

Les nouveaux titres de Jay disaient les mêmes choses... c'était juste rendu plus clair et disait au lecteur comment le financement pour 2/3 l'avantageait.

Je liste certains de mes titres préférés. Quand vous irez écrire votre titre... insérez simplement votre produit et/ou offre dedans. Voici un exemple :

Le vieux titre classique :

"Tout le monde a ri quand je me suis assis au piano... Mais quand j'ai commencé à jouer !"

Votre nouvelle version :

"Tout le monde a ri quand j'ai dit que je perdrais 17 kilos en 30 jours... Mais quand ils m'ont vu quatre semaines plus tard !"

C'était juste un rapide exemple improvisé... mais insérer votre propre produit n'est pas trop difficile à faire - même pour un débutant.

Voici la liste de mes titres préférés que vous pouvez adapter pour correspondre à vos produits ou services :

LE SECRET POUR ÊTRE AIMÉ DES GENS

UNE PETITE ERREUR QUI A COÛTÉ À UN

AGRICULTEUR 3 000 $ PAR AN

CONSEILS AUX FEMMES DONT LES MARIS NE SAUVENT PAS D'ARGENT -- D'UNE FEMME

L'ENFANT QUI A CONQUIS LE CŒUR DE TOUS

ÊTES-VOUS JAMAIS SANS MOTS LORS D'UNE FÊTE ?

COMMENT UNE NOUVELLE DÉCOUVERTE A RENDU UNE FILLE QUELCONQUE BELLE

COMMENT GAGNER DES AMIS ET INFLUENCER LES GENS

LES DEUX DERNIÈRES HEURES SONT LES PLUS LONGUES -- ET CE SONT LES DEUX HEURES QUE VOUS ÉCONOMISEZ

QUI D'AUTRE VEUT UN PHYSIQUE DE STAR DE CINÉMA ?

COMMETTEZ-VOUS CES ERREURS EN ANGLAIS ?

POURQUOI CERTAINS ALIMENTS "EXPLOSENT" DANS VOTRE ESTOMAC

DES MAINS QUI SEMBLENT PLUS BELLES EN 24 HEURES -- OU JE VOUS REMBOURSE VOTRE ARGENT

VOUS POUVEZ RIRE DES SOUCIS FINANCIERS -- SI VOUS SUIVEZ CE PLAN SIMPLE

POURQUOI CERTAINES PERSONNES GAGNENT PRESQUE TOUJOURS EN BOURSE

QUAND LES MÉDECINS "SE SENTENT MAL" VOICI CE QU'ILS FONT

CINQ PROBLÈMES COMMUNS DE LA PEAU -- LEQUEL VOULEZ-VOUS SURMONTER ?

COMMENT J'AI AMÉLIORÉ MA MÉMOIRE EN UNE SOIRÉE

COMMENT CHAQUE TRAVAIL DE RÉPARATION AUTO PEUT ÊTRE "UN JEU D'ENFANT" POUR VOUS

C'EST UNE HONTE POUR VOUS DE NE PAS GAGNER BIEN -- QUAND CES HOMMES LE FONT SI FACILEMENT

VOUS N'AVEZ JAMAIS VU DES LETTRES COMME CELLES QUE HARRY ET MOI AVONS REÇUES SUR NOS POIRES

DES MILLIERS JOUENT MAINTENANT, MAIS N'AURAIENT JAMAIS PENSÉ QU'ILS POURRAIENT LE FAIRE

GRANDE NOUVELLE DÉCOUVERTE ÉLIMINE LES ODEURS DE CUISINE RAPIDEMENT ! -- REND L'AIR DE LA MAISON "FRAIS COMME À LA CAMPAGNE"

FAITES CE TEST D'UNE MINUTE -- D'UN NOUVEAU TYPE INCROYABLE DE CRÈME À RASER

NOUS ANNONÇONS... LA NOUVELLE ÉDITION DE L'ENCYCLOPÉDIE QUI REND L'APPRENTISSAGE AMUSANT

ENCORE UNE FOIS COMMANDEZ... "UNE SALADE DE POULET, S'IL VOUS PLAÎT"

POUR LA FEMME QUI EST PLUS ÂGÉE QU'ELLE

NE PARAÎT

OÙ POUVEZ-VOUS ALLER AVEC UNE BONNE VOITURE D'OCCASION

IL Y A UNE AUTRE FEMME QUI ATTEND CHAQUE HOMME -- ET ELLE EST TROP INTELLIGENTE POUR AVOIR "L'HALEINE DU MATIN"

SI ON VOUS DONNAIT 20 000 $ À DÉPENSER -- N'EST-CE PAS CE (type de produit, mais pas le nom du produit) QUE VOUS CONSTRUIRIEZ ?

"VENDREDI DERNIER... J'ÉTAIS TERRIFIÉ ! -- MON PATRON A PRESQUE DÉCIDÉ DE ME LICENCIER"

76 RAISONS POUR LESQUELLES IL AURAIT ÉTÉ BON DE RÉPONDRE À NOTRE ANNONCE IL Y A QUELQUES MOIS

SUPPOSEZ QUE CELA ARRIVE LE JOUR DE VOTRE MARIAGE

NE LAISSEZ PAS LE PIED D'ATHLÈTE "VOUS METTRE KO"

ILS SONT PROMUS JUSTE DEVANT VOUS ?

SOMMES-NOUS UNE NATION DE BASSE CULTURE ?

UN MERVEILLEUX VOYAGE DE DEUX ANS AVEC SALAIRE COMPLET -- MAIS SEULS LES HOMMES AVEC IMAGINATION PEUVENT LE FAIRE

CE QUE TOUT LE MONDE DEVRAIT SAVOIR SUR LES AFFAIRES D'ACTIONS ET D'OBLIGATIONS

AFFAIRES QUI ÉCONOMISENT DE L'ARGENT DU

PLUS VIEUX MAGASIN DE DIAMANTS À PRIX RÉDUIT D'AMÉRIQUE

EX-COIFFEUR GAGNE 8 000 $ EN QUATRE MOIS EN TANT QUE SPÉCIALISTE IMMOBILIER

Lorsque vous ajoutez des guillemets autour d'un titre, cela en augmente le pouvoir d'attraction. Donc, quand vous en avez l'occasion, utilisez des guillemets.

La Johnson Box est un cadre placé autour d'un titre pour le faire ressortir davantage. Essayez-le dans vos lettres de vente et voyez comment cela apparaît. Je ne l'utiliserais pas dans des annonces de magazines.

Titres "COMMENT FAIRE":

Comment gagner 2 000 $ par semaine... sans sortir de chez soi

Comment se faire des amis et influencer les gens

Comment rendre chaque entraînement aussi efficace que si vous en aviez fait trois

Titres "QUI D'AUTRE":

Qui d'autre veut un linge plus blanc... sans effort ?

Qui d'autre veut un physique de star de cinéma ?

Qui d'autre veut conduire une Ferrari... pour 340 $ par mois ?

Les Deux Mots Les Plus Puissants Dans Une Headline:

GRATUIT et NOUVEAU

Des Questions Dans La Headline:

Je n'aime pas poser des questions... à moins d'être à 99 % sûr d'obtenir la réponse que je veux.

Combien De Mots Dans Une Headline?

L'École de Retailing de l'Université de New York a fait un test et a découvert que les titres de plus de 10 mots vendent généralement plus de produits que ceux de moins de 10 mots. Fondamentalement, il n'y a pas de limite. J'ai vu des titres de 3 ou 4 mots fonctionner... j'ai vu 10 mots fonctionner... j'ai vu 17 mots fonctionner.

Les Accroches:

Les accroches sont une spécialité de mon ami et gourou de la réponse directe, Gary Halbert. Au lieu d'un titre... il attachera un billet d'un dollar en haut d'une lettre de vente. La lettre s'ouvrira ainsi...

"Cher Ami,

Pourquoi ai-je attaché un vrai billet de 1 $ en haut de cette lettre ? La réponse est simple.

Ce dont je vais vous parler concerne beaucoup plus d'argent que votre restaurant peut commencer à gagner dès aujourd'hui... et j'ai pensé qu'un petit rappel financier attirerait votre attention."

Et la lettre de vente passera au discours de vente.

Les accroches peuvent être presque n'importe quoi...

- Des pansements...
- Des photos...
- De la monnaie étrangère...
- Un échantillon d'une crème anti-rides...

Voici comment fonctionnerait l'accroche "paquet"...

"Cher Ami,

Pourquoi ai-je attaché un petit paquet en haut de cette lettre ? La réponse est simple. À l'intérieur de ce paquet se trouve 3 $ de notre plus avancé Filler pour les Fines Lignes et Rides de 2 Minutes.

Si vous avez remarqué quelques fines lignes et rides... et que vous souhaitez les garder secrètes, je crois que ce produit pourrait vous aider en moins de 2 minutes.

Voici ce que vous devriez faire maintenant. Retirez le paquet de cette lettre. Ouvrez-le et appliquez une petite goutte du sérum transparent sur votre index. Allez au miroir le plus proche et appliquez une petite quantité du sérum sur le côté droit de votre visage là où vous souhaitez cacher une ride ou une fine ligne. N'APPLIQUEZ PAS SUR LE CÔTÉ GAUCHE !

Quittez le miroir.

Maintenant, restez immobile et laissez cette formule

étonnante sécher pendant 60 secondes.

Puis retournez au miroir... Surprenant, n'est-ce pas ? Les rides et les fines lignes disparaissent !"

Puis continuez avec votre texte de vente.

Parfois, une accroche peut être un grand attrait visuel... même mieux qu'un long titre... mais cela pose d'autres problèmes : comment allez-vous attacher des milliers de ces choses lorsque vous faites une grande distribution ?

Si vous utilisez des billets de 1 $... vous avez presque triplé vos coûts d'expédition... êtes-vous sûr que cela en vaut la peine ? Vous devez tester différentes idées au fur et à mesure que vous avancez.

CHAPITRE 21

Comment tester

Le test est le Saint Graal du business de la réponse directe. Il est essentiel de tester pour trouver la version la plus efficace de votre message de vente ou de sélection des médias.

Vous pouvez tester les prix. J'ai une fois testé trois prix différents pour un programme logiciel que je vendais. J'ai utilisé la même liste d'adresses... les mêmes graphiques et le même texte. J'ai envoyé les trois différentes lettres de vente en même temps dans le même bureau de poste. La seule différence entre ces trois offres à prix différents était la partie de la lettre où le prix à payer était révélé. Tout le reste était identique. J'ai testé ces prix - 149,95 $... 169,95 $ et 179,95 $. Le prix le plus bas a obtenu 30 commandes. Le prix moyen a également obtenu 30 commandes. Le prix élevé n'a obtenu que 15 commandes. Si je n'avais pas testé les différents prix... et avais choisi le prix de 179,95 $... j'aurais laissé beaucoup d'argent sur la table que j'aurais pu gagner si je n'avais pas été aussi gourmand. Maintenant, le prix le plus élevé peut parfois apporter plus de commandes. C'est un avantage pour vous ! Plus de commandes et à un prix plus élevé. Comment pourriez-vous vous tromper ? Vous ne pouvez pas. Parfois, les gens mesurent la qualité et les performances d'un produit par son prix.

Lorsque cela se produit, peut-être qu'un prix plus élevé aura plus de succès qu'un prix plus bas. Parfois, plus bas est le prix auquel vous pouvez vendre quelque chose, plus vous obtenez de commandes.

Sérieusement, si vous avez une offre qui fonctionne... ne serait-il pas fantastique de pouvoir doubler vos commandes simplement en prenant 10 $ de moins... ou 10 $ de plus ? Bien sûr que oui. Et c'est pourquoi, une fois que vous avez obtenu un envoi postal qui au moins équilibre en termes de réponse de vente... vous devez faire un test de prix à deux ou trois voies. Changez simplement le prix dans les trois différentes versions de la lettre... codez-les d'une manière ou d'une autre... envoyez-les à la même liste en même temps... et voyez ce que vous obtenez. C'est fou et presque magique... mais si vous obtenez plus de commandes à un prix plus élevé... vous serez reconnaissant d'avoir testé. J'ai entendu des histoires de personnes vendant des bulletins financiers. Ils ont testé 69,95 $ contre 79,95 $ et le prix plus élevé a doublé la réponse.

Vous pouvez tester les enveloppes. Une enveloppe peut sembler officielle et l'autre peut être une enveloppe personnelle écrite à la main. Envoyez des quantités égales et voyez laquelle fonctionne mieux.

Vous pouvez tester les garanties. Parfois, offrir une garantie conditionnelle DE DOUBLER VOTRE ARGENT augmentera la réponse. Tester des variables est ce qui nous rend professionnels pour trouver une lettre de vente ou une annonce publicitaire absolument exceptionnelle - parfois 300 % ou 400 % plus réactives que celle avec laquelle nous avons commencé.

Il y a plusieurs règles principales à respecter lors des tests :

- Testez une seule chose à la fois...
- Assurez-vous que les quantités de test soient égales...
- Assurez-vous que les envois de test soient envoyés en même temps...
- Testez uniquement des choses importantes comme les prix, les titres et les listes. Ne perdez pas de temps à tester le papier bleu contre le blanc.

Voici comment obtenir des résultats valides des tests :

1. Vous pouvez utiliser un numéro de téléphone différent et faire appeler les prospects pour chaque variation différente à un numéro de téléphone unique.

2. Vous pouvez utiliser différents numéros d'extension sur votre téléphone. Avez-vous déjà vu des annonces qui disent "Appelez le 1-800-000-000 et demandez l'extension 45" ? Le numéro d'extension est la manière dont ils testent une variable.

3. Vous pouvez coder les coupons que les clients doivent envoyer par la poste. Si je fais un test de prix... parfois je laisse la lettre de vente principale inchangée et insère simplement des coupons pour des montants de réduction différents. La lettre de vente dira d'inclure ce

coupon pour recevoir X $ de réduction sur leur achat.

4. Vous pouvez avoir différentes couleurs imprimées pour les enveloppes de réponse 6 3/4. Normalement, j'imprime l'adresse de retour en encre noire pour mes enveloppes de réponse... mais vous pouvez en imprimer une en rouge... une en bleu et une en noir pour un test à trois voies.

5. Vous pouvez demander à l'appelant de mentionner un certain Numéro de Promotion. Vous pouvez dire quelque chose dans la lettre comme "Il suffit d'appeler le 1-800-000-000 et de dire à l'opérateur que vous appelez pour la Promotion #23 et il..." Même si le client ne mentionne pas le numéro de promotion... vous pouvez le lui demander. Rendez-le facile à trouver... comme là où la lettre est signée par l'auteur.

6. Si un client ne peut rien vous donner pour vous dire de quelle offre ou liste il répond... gardez votre base de données de noms d'expédition sur votre ordinateur à proximité. Demandez à l'appelant comment son nom apparaît sur son enveloppe et cherchez-le dans chaque fichier. Si vous testez deux listes différentes... vous le trouverez 9 fois sur 10 simplement en tapant son nom et en appuyant sur le bouton "trouver".

Le grand avantage de tester des variables dans vos efforts de vente est que, une fois que vous trouvez le titre gagnant... vous pouvez ensuite trouver le prix gagnant... puis l'offre gagnante... etc. Vous pouvez continuer à affiner votre offre et plus vous testez, plus elle sera réactive. Si vous améliorez la réponse avec un nouveau titre de 20 %... puis un autre 20 % avec une meilleure offre... puis un autre 20 % avec une meilleure garantie... et ainsi de suite. La différence entre un package qui était à l'équilibre pourrait maintenant tripler son coût publicitaire!

CHAPITRE 22

Augmenter la valeur d'achat par client

Lorsqu'un client vous appelle et achète votre produit, il est en "mode d'achat"... et c'est le moment parfait pour voir s'il veut acheter autre chose chez vous.

Laissez-moi vous raconter une petite histoire amusante. Il y a quelques années, je faisais une promotion à grande échelle qui commençait à perdre son attrait à la caisse. Je recevais de moins en moins de réponses. Cela arrive à la fin du cycle de vie d'un produit.

J'avais des tonnes d'employés et je ne voulais licencier personne, donc je devais trouver des moyens d'obtenir plus d'argent des publicités et des lettres de vente sur lesquelles je dépensais de l'argent.

Mon prix de vente moyen par unité était à l'origine de 69,95 $. C'est le coût direct du produit que je vendais, et bien sûr, tout les 69,95 $ étaient CTO. En écrivant quelques scripts pour des ventes additionnelles... j'ai pu augmenter le prix moyen de vente de 69,95 $ à 100 $ sans dépenser un centime de plus en publicité. Voici comment j'ai fait :

Les clients appelaient pour rejoindre un club annuel à

69,95 $ ou un club biennal à 129,95 $. Nous demandions au client son nom, adresse, numéro de téléphone, informations de carte de crédit, puis nous lui demandions s'il voulait s'inscrire pour deux ans ou un.

S'il disait "deux" c'était bien... mais s'il disait "un"... nous lui offrions le biennal à un prix réduit de 119,95 $. Beaucoup acceptaient cette offre juste pour économiser 10 $. Une année supplémentaire ne nous coûtait rien à donner au client.

Quelle que soit leur réponse, nous passions ensuite à la prochaine vente additionnelle. Nous leur demandions s'ils voulaient utiliser leur statut de membre aujourd'hui et acheter un logiciel de 500 $ que nous vendions pour seulement 50 $. Cela ne nous coûtait que 5 $. Un grand nombre de personnes disait "oui".

Ensuite, nous passions à la troisième offre, un CD-ROM qui contenait une encyclopédie entière. C'était en 1996, donc c'était incroyable de l'imaginer... et les encyclopédies coûtaient plusieurs centaines sinon des milliers de dollars. Nous le vendions pour 40 $. Il nous coûtait 2 $. Un grand pourcentage acceptait cette offre.

Ensuite, nous offrions au client l'adhésion à un autre club annuel où ils pouvaient acheter un type différent de produit à des prix réduits. Il se vendait pour 39,95 $... cela ne nous coûtait que quelques centimes pour un catalogue, et beaucoup de personnes rejoignaient également ce club.

C'étaient quatre ventes additionnelles. Certains

clients étaient-ils agacés ? Oui. Beaucoup ont-ils acheté ? Oh oui... Plus qu'assez en ventes additionnelles pour supporter le client occasionnel que nous agacions.

Quelques choses à retenir :

Testez vos stratégies d'upselling et vos ventes additionnelles une à la fois sur des groupes de 20 à 30 appels tous avec le même opérateur et voyez quelles offres sont les plus puissantes. Ensuite, vous mettrez les scripts dans l'ordre du plus vendu au moins vendu.

Vous devrez donner une commission aux vendeurs - sinon vous n'obtiendrez pas un pourcentage élevé de "ventes"... à moins que vos employés ne vous aiment vraiment beaucoup. J'ai vu des choses qui se vendaient à 20 % atteindre 80 % avec l'ajout d'une commission.

Une autre chose est de s'assurer d'obtenir le nom du client, l'adresse, le numéro de téléphone et les informations de carte de crédit avant de commencer à vendre des trucs additionnels. D'abord, vous devez vendre ce pour quoi ils appelaient... et ensuite, si vous pressez le client sans avoir d'abord ses informations, il pourrait être plus enclin à raccrocher. Si vous avez déjà ses informations, il ne raccrochera pas au milieu de votre discours de vente.

Et après leur avoir vendu quelques choses additionnelles, vous pouvez alors dire, "Ok, vous recevrez votre commande dans environ 10-14 jours ouvrables. Voulez-vous passer à l'expédition express pour 5 dollars de plus pour recevoir tout en 5 jours ou moins ?"

Carlton Sheets facture un supplément de 15 dollars pour l'expédition rapide et cela prend quand même une semaine pour arriver ! Il gagne 120 millions de dollars et plus chaque année - ces techniques fonctionnent.

Je limiterais les ventes additionnelles à trois ou quatre à la fois. Plus pourrait agacer les clients. Mais croyez-moi... personne ne vous dira d'annuler l'ensemble de la commande. C'est une peur que la plupart des marketeurs ont.

Récemment, j'ai fait une vente additionnelle de 4 bouteilles aux clients. Les appelants appelaient pour une bouteille de pilules à 60 dollars. Je savais que je gagnerais 180 dollars d'eux dans les mois à venir avec les expéditions automatiques... mais nous étions dans une petite crise de liquidités, donc j'ai offert 4 bouteilles pour un mois entier pour 139,95 dollars plus 15 dollars d'expédition et de manutention. Nous avons réussi à vendre additionnellement de 40 % à 50 % et à obtenir l'argent dont nous avions grandement besoin.

Lorsque vous vendez additionnellement, cela doit être fait via un script bien conçu.

CHAPITRE 23

Taux de réponse

Je ris quand j'entends les marketeurs débutants dire quelque chose comme, "Ce magazine a 2 millions de lecteurs, je pense pouvoir obtenir 4% de ces lecteurs qui achètent en voyant mon annonce !" ou... "Quand j'envoie ma lettre de vente, je pense pouvoir obtenir 20% des gens qui achètent grâce à ma lettre de vente !" ... Si seulement c'était aussi facile !

Voici le point clé. Dans le mailing direct, je n'aime pas travailler avec des pourcentages. Je préfère mesurer le succès d'une promotion dans un rapport "coût-par-fois". Par exemple, si une lettre me coûte 60 centimes à envoyer ; ou 600 $ pour mille, je veux obtenir 1 200 $ en CTO quand j'envoie 1 000 lettres de vente... soit 2 fois mon coût.

Selon le prix de votre produit, cela peut signifier une réponse de 2% - si le produit coûtait 60 $... ou cela peut signifier 0,2% si le produit que vous vendez coûte 600 $. Le taux de réponse ne signifie vraiment rien... c'est le multiple de votre coût d'envoi.

Si une annonce de magazine coûte 2 000 $... et que vous obtenez 4 000 $ en CTO... vous avez "doublé".

Vous pouvez encore faire une fortune si vous récupérez juste ce que vous avez dépensé, à condition que vous ayez un excellent back-end.

Vous pouvez faire des millions de dollars quand vous doublez le coût publicitaire initial à condition d'avoir un fort back-end. Je l'ai fait.

J'avais une pilule que je vendais pour 60 $. J'avais besoin de 1% de commandes de mes lettres de vente pour équilibrer. J'ai obtenu 2%. Donc, je gagnais 60 centimes pour chaque lettre que j'envoyais. C'est bien. Mais les vrais profits sont venus quand les expéditions automatiques ont commencé quelques mois plus tard. J'ai obtenu en moyenne 4 bouteilles vendues par client. Cela a porté mon CTO brut à 180 $. Rappelez-vous, cela me coûtait seulement 30 $ en coûts publicitaires pour attirer un nouveau client. C'est six fois le coût ! J'ai pu faire cela à 40 000 nouveaux clients par mois... je suis devenu riche très rapidement.

La même chose pour les magazines. Je savais que je pouvais doubler mon argent si j'achetais des annonces dans des magazines pour 20 $ CPM. Ce chiffre CPM représente le COÛT POUR MILLE LECTEURS PAYANTS. Si un magazine avait 1 million de lecteurs payants réels... je paierais volontiers l'éditeur 20 000 $ pour une annonce pleine page dans son magazine.

Si j'achetais mes annonces correctement... je pouvais maintenir ce ratio de 6 fois le coût même sur mes annonces imprimées. Ce que j'ai fait.

Voici comment calculer le coût pour acquérir un client : Si vous envoyez 1 000 lettres de vente ou 2 000 lettres de vente, mesurez combien de commandes vous obtenez : Si vous obtenez 40 commandes en envoyant 2 000 lettres de vente, vous diviseriez le coût pour envoyer les 2 000 lettres par 40 et vous obtiendriez 30 $.

Pour envoyer 2 000 lettres, cela vous coûterait 1 200 $ (600 $ pour mille). Tant que votre produit a un CTO de 30 $ ou plus, vous ferez un profit.

Si vous envoyez une lettre de vente et que vous arrivez à équilibrer, vous devriez être heureux. Maintenant, vous devez vendre à nouveau à ces clients avec d'autres offres ! Continuez à leur envoyer du courrier jusqu'à ce que la liste cesse de rapporter plus de ventes que ce qu'il vous coûte de l'envoyer.

En ce qui concerne les magazines... si je peux équilibrer dans une semaine après leur sortie en kiosque... je ferai plus de 2x d'ici la sortie du prochain numéro. Les magazines sont imprimés bien à l'avance, donc vous n'avez pas assez de temps pour évaluer votre premier numéro... puisqu'un second sort quand vous obtenez juste vos résultats des 30 jours. Si vous équilibrez dans la première semaine de la sortie du magazine en kiosque... vous doublerez d'ici la sortie du prochain numéro.

Fichier Clients

Votre fichier clients ou liste de clients est la liste des clients à qui vous avez vendu vos produits. C'est la liste d'envoi la plus puissante que vous puissiez jamais posséder. Aucun autre groupe de noms ne sera plus réactif que la liste que vous compilez vous-même.

Parfois, je vois des marketeurs qui ne conservent pas

les noms des clients qui achètent chez eux. Ils sont fous !

Mon fichier clients peut rapporter 5x le coût pour de nouveaux produits que je teste tandis qu'une liste externe rapporterait 1x le coût.

Si vous voulez être intelligent dans le business de la réponse directe... vous devez construire un fichier clients. C'est une mine d'or pour les ventes additionnelles.

La conclusion est la suivante : Si vous obtenez 2x le coût... vous vous en sortez bien. Tout ce qui est au-delà... et vous pouvez vous considérer comme un Roi !

CHAPITRE 24

Taux de remboursement

Peu importe la qualité de votre produit ou service... vous devez offrir à vos clients une garantie de remboursement... et peu importe la qualité de votre produit ou service... les gens accepteront votre garantie.

Ne le prenez pas personnellement.

Vous aurez toujours des gens... certains raisonnables... et certains fous... qui pensent que votre entreprise et votre produit les ont injustement lésés. Je suis sûr qu'il y aura des gens qui auront acheté ce livre et qui l'adoreront - probablement 95%. Et il y aura 5% qui penseront que je gaspille des arbres.

Je me souviens, en 1995, quand j'ai publié mon premier livre, Direct Mail Trade Secrets... j'ai reçu une lettre d'un lecteur qui me demandait de lui rembourser son argent parce qu'il disait avoir trouvé de meilleures informations dans sa bibliothèque.

Vous ne pouvez jamais satisfaire tout le monde.

Surtout... VOUS NE VOULEZ PAS SATISFAIRE TOUT LE MONDE !

Si vous satisfaites tout le monde... même si vous le

pouviez... cela signifie que vous ne vendez pas assez agressivement dans vos publicités et lettres de vente.

Normalement, vous pouvez vous attendre à entre 5% et 7% de remboursements.

J'ai été impliqué dans des produits qui ont eu 10% de demandes de remboursement et nous avons quand même gagné des millions de dollars... donc tant que vous ne remboursez pas plus de 10%... vous faites probablement un excellent travail de vente... et vous satisfaites encore 90% de vos clients - ce qui est beaucoup plus de personnes que celles satisfaites par le Président des États-Unis.

Lorsque vous recevez une demande de remboursement, assurez-vous de régler toutes les demandes de remboursement légitimes dans les 30 jours... ou dès que possible.

Si vous trouvez que vous avez beaucoup de demandes de remboursement mais que vous voulez continuer à vendre le produit tel quel parce que la réponse est si bonne... ou que les personnes qui retournent le produit sont stupides... voici quelques choses que vous pouvez faire :

Quand le fondateur d'Entrepreneur Magazine commençait dans le business de l'édition... il vendait des "kits" sur comment démarrer certains types d'affaires. Les chercheurs d'opportunités, des gens qui cherchent de l'argent facile, achetaient ces kits et demandaient souvent un remboursement.

Comme ces kits étaient rentables... ils ont décidé d'introduire une "garantie conditionnelle".

Ils offraient de rembourser au client le double de son argent si les kits qu'ils vendaient ne l'aidaient pas à démarrer l'entreprise qu'il souhaitait entreprendre et à réussir dedans ou n'importe quoi d'autre. Le client, cependant, devait prouver qu'il avait réellement essayé de faire quelque chose enseigné dans le kit pour recevoir le double de son argent en retour... ou n'importe quelle somme d'argent, en réalité.

Ils ont fini par vendre plus de kits, car la garantie était très forte... et ont obtenu moins de personnes demandant leur argent en retour, car elles devaient prouver à l'éditeur qu'elles avaient réellement fait quelque chose avec les informations dans le kit.

Il y a des tonnes d'obstacles que vous pouvez faire franchir à ceux qui demandent un remboursement.

CHAPITRE 25

Augmenter les réponses

Maintenant que vous avez envoyé vos lettres de vente ou publié votre annonce, vous obtenez les premiers résultats. Voyons comment les améliorer.

Si vos résultats ont été décevants

1. Assurez-vous que votre annonce ou lettre de vente avait un numéro de téléphone et une adresse corrects pour permettre aux clients de répondre.
2. Assurez-vous que vos lettres de vente ont été livrées à vos clients potentiels.
3. Assurez-vous que le courtier de la liste de diffusion vous a envoyé la bonne liste et qu'il n'a pas envoyé une autre liste par erreur.

Si tout cela a été vérifié, essayez ces tactiques :

1. Vous pouvez baisser le prix.
2. Vous pouvez augmenter le prix.
3. Vous pouvez ajouter un cadeau.

4. Vous pouvez ajouter un cadeau coûteux et augmenter le prix.

5. Testez une liste de diffusion différente, car cela pourrait être la raison numéro 1 pour laquelle une promotion par courrier direct échoue.

6. Si vous avez publié une annonce dans un magazine et que vous voulez qu'elle rapporte plus, vous pouvez appeler l'éditeur et renégocier le coût de votre annonce. Dites-leur que vous ne pouvez pas publier l'annonce chaque mois si le prix ne peut pas être abaissé. S'ils veulent vous garder dans leur magazine chaque mois... ils trouveront un moyen de gagner un peu moins.

7. Testez un magazine différent pour publier votre annonce.

8. Peut-être que votre produit est simplement une mauvaise idée que personne ne veut. Ne le prenez pas trop à cœur. Vous ne pouvez pas trouver de gagnants et vous ne pouvez pas créer de produits révolutionnaires si vous ne prenez pas un peu de risque. Je teste constamment de nouveaux produits qui soit échouent lamentablement... soit deviennent d'énormes succès nationaux. Si je jouais toujours la sécurité... je serais bien plus pauvre.

Cela ne signifie pas commercialiser tout ce qui vous vient à l'esprit. Vous débutez. Essayons de nous en tenir à des types de produits gagnants. Et rappelez-vous toujours ; corrigez une chose à la fois. Sinon, le test est inutile.

CHAPITRE 26

Centres d'appels

Lorsque vous obtenez enfin une lettre de vente gagnante ou une annonce, vous devez décider si vous allez utiliser des centres d'appels ou non.

J'ai une fois engagé un énorme centre d'appels dans le Nebraska.

En me promenant dans l'une de leurs salles d'appels, j'ai vu qu'ils géraient les appels pour la plupart des infopublicités à la télévision à ce moment-là. Ils faisaient Carlton Sheets... Ronco... The Ab Rocker. Leur liste de clients était impressionnante.

Je pensais que si ce centre d'appels pouvait gérer les appels de commande de ces entreprises, ils pourraient certainement gérer les nôtres - un complément à base de plantes pour lequel je faisais du consulting. J'avais tort.

Cette grande entreprise avait plus de 10 000 personnes répondant au téléphone. Évidemment, les opérateurs deviennent meilleurs à mesure qu'ils se familiarisent avec le produit.

Mais quand il y a 10 000 personnes répondant aux téléphones... pour qu'un représentant reçoive son deuxième appel pour votre produit, vous devriez vendre à 10 000 personnes ! Les représentants de ces grandes entreprises ne deviendront jamais experts de votre produit. Donc, si c'est un produit de haute technologie ou un complément, où les clients peuvent avoir beaucoup de questions, un grand centre d'appels pourrait ne pas être le meilleur choix pour vous.

Une autre chose qui me dérange avec les centres d'appels, c'est qu'ils sont terribles en termes de pourcentage de ventes additionnelles. Si vous pouvez vendre additionnellement à 40% de vos clients en utilisant vos employés... vous obtiendrez probablement seulement 5% d'un centre d'appels. Aux représentants, cela ne fait tout simplement pas assez de différence. Et ça sonne trop évident qu'ils lisent un script. Encore une fois - parce qu'ils ne connaissent pas vos produits.

Enfin, vous ne pouvez pas "voir" les personnes qui répondent à vos appels. Je veux voir de mes propres yeux ce qu'ils font bien et ce qu'ils font mal. Dans les grands centres d'appels, il n'est pas permis au client d'entrer dans les salles d'appels.

Maintenant, il y a des avantages à utiliser un centre d'appels. Ils ont des représentants prêts à répondre à vos appels 24 heures sur 24, 7 jours sur 7. Vous n'avez pas à vous soucier de qui ne trouve pas de baby-sitter... qui est malade... qui vient de perdre sa mère. C'est le problème du centre d'appels.

Une autre bonne chose est que vous n'avez pas à payer un salaire horaire quel que soit le nombre d'appels. Si vous deviez prendre les appels en interne, vous devriez payer vos employés même s'ils sont assis à ne rien faire.

De plus, si vous diffusez des spots TV, c'est assez coûteux d'obtenir 100 lignes téléphoniques dans votre bâtiment. C'est le nombre de personnes qui appellent en même temps lorsqu'un spot TV est diffusé. Lorsque vous utilisez un grand centre d'appels, ils ont des milliers de lignes. Ils peuvent prendre 1 000 appels en même temps.

Puis, il y a les plus petits centres d'appels locaux, souvent appelés Services de Réponse. Étant plus petits, leurs représentants peuvent bien connaître votre produit et le script pour la vente additionnelle. Ils feront acheter plus d'appelants et obtiendront un pourcentage plus élevé d'appelants à qui vendre quelque chose d'autre.

Puis il y a le revers de la médaille pour les centres d'appels plus petits. Ils sont généralement sous-dimensionnés. Cela signifie qu'un appel pourrait rester en attente jusqu'à ce que l'opérateur termine la commande précédente. Beaucoup de gens raccrocheront simplement... même s'ils appellent un numéro 800.

Si je devais vous donner un conseil honnête, le voici : Les grands centres d'appels sont excellents si vous faites de la publicité, des lettres ou des spots qui capturent les adresses des appelants pour leur envoyer des informations... comme un rapport gratuit ou un paquet informatif. Ils ne sont pas si bons quand il s'agit de vendre quelque chose. Et ils sont vraiment mauvais lorsque le produit que vous vendez est compliqué et pourrait entraîner de nombreuses questions de la part de l'appelant.

CHAPITRE 27

Télémarketing

Le télémarketing se produit lorsqu'un marketeur appelle ses clients potentiels et propose verbalement son offre... au lieu de la solliciter par courrier, dans un magazine... ou à la télévision ou à la radio.

Personnellement, je n'aime pas le télémarketing. Je l'ai essayé une fois sur une liste de prospects froids il y a quelques années et les résultats ont été horribles.

La seule façon dont vous pourriez réussir à faire fonctionner le télémarketing est si vous avez une offre et que vous souhaitez appeler votre liste de clients pour la leur proposer. Ça, c'est acceptable. Essayer de faire acheter des prospects froids qui ne sont pas vos clients par téléphone n'a jamais fonctionné pour moi - jamais.

Mais ce qui a fonctionné pour moi, ce sont les appels sortants à mes clients existants, en leur offrant quelque chose en relation avec le produit ou les produits qu'ils ont achetés chez moi par le passé.

Probablement la révélation la plus profonde que j'ai jamais eue avec le télémarketing a été lorsque j'ai fait des appels de suivi à mes nouveaux clients.

CHAPITRE 28

Publicité à la télévision

Je crée des spots télévisés de 60 secondes de la même manière que je crée des spots radio de 60 secondes. J'écris un script qui vend le produit de manière aussi agressive que possible. Je m'assure d'ajouter un numéro 800 et une adresse web assez tôt dans le spot pour m'assurer que le client potentiel a suffisamment de temps pour noter le numéro.

Ce que j'ai remarqué maintenant, c'est que les entreprises utilisent un format commercial widescreen, où elles ont un espace noir en haut du spot et un espace noir en bas. C'est l'endroit parfait pour placer un numéro 800 et une adresse web pendant toute la durée du spot de 60 secondes. Je continue de me référer aux spots de 60 secondes car je n'ai jamais ressenti qu'un spot de 30 secondes vous donne suffisamment de temps pour faire une sorte de travail de vente.

Dans un spot de 60 secondes, vous voulez que le numéro de téléphone et/ou l'adresse web soient affichés pendant au moins 15 secondes avant la fin. Maintenant, les spots TV sont juste une lettre de vente. Ils sont la même chose.

Le spot commercial doit s'ouvrir avec un titre... ou

une déclaration d'ouverture. Ensuite, une fois que vous avez capté l'attention des téléspectateurs, vous passez au corps du texte - mais au lieu d'être sous forme de paragraphe... il est lu par une voix off.

Et puis il y a les infopublicités. Les infopublicités durent 28,5 minutes. Ce sont des spots commerciaux de longue durée qui sont essentiellement de petits "shows" qui vendent différents produits. Les infopublicités sont généralement diffusées sur les chaînes câblées à partir de minuit ou à peu près. Elles ne sont pas aussi coûteuses que vous le pensez. Je connais des gens qui paient 2 000 à 4 000 dollars pour toute la demi-heure.

Un bon infopublicité avec un bon produit devrait amener en moyenne 1 000 personnes à appeler. Les opérateurs devraient être capables de vendre à environ la moitié de ces personnes. Un infopublicité peut mener à 500 commandes. Si vous en diffusez un chaque nuit... sur quatre ou cinq chaînes différentes... ce sont 2 000 à 2 500 commandes. J'apportais en moyenne 1 500 commandes par jour à un prix modique de 59,95 dollars et j'avais un programme d'envoi automatique auquel chaque client était inscrit. J'ai fait 100 millions de dollars par an.

La TV est puissante. Très puissante. Une chose qui est différente à la télévision, c'est qu'il faut une semaine ou à peu près pour que les spots décollent complètement... il faut un peu de répétition. (Cela ne s'applique pas aux annonces imprimées ou aux lettres de vente).

Alors que les infopublicités apportent une grande partie de leur réponse la première fois qu'elles sont diffusées.

Produire le spot ou l'infopublicité est là où viennent certaines des grandes dépenses. J'ai tourné des spots de 60 secondes pour 14 000 dollars et j'ai tourné des spots de 60 secondes pour 114 000 dollars. Les différences dans les réponses n'étaient pas différentes.

Cette activité, que ce soit pour l'impression... ou le mailing... ou à la TV ne dépend pas de la sophistication de votre message. Ce n'est pas important d'avoir le papier à en-tête le plus beau ou le dépliant. Pensez que je n'ai pas eu de cartes de visite jusqu'à ce que je gagne 50 millions de dollars et je me sentais stupide quand les gens m'en demandaient une.

Si j'avais le choix lors de la production d'un spot commercial court, je le ferais lire par un homme ou une femme attrayante. C'est tout.

Les infopublicités sont une autre histoire et vont au-delà du but de ce livre et certainement de ce chapitre. Il existe de nombreux formats pour les infopublicités... il y a le format talk-show, qui est le moins cher à produire et peut coûter 25 000 dollars... puis il y a des productions à coût élevé qui peuvent coûter jusqu'à 200 000 dollars !

CHAPITRE 29
Publicité radiophonique

La publicité à la radio est la même que la publicité télévisée, juste sans les images. La manière dont je crée des publicités radio et télévisées est fondamentalement la même... le même script... la même offre... les mêmes mots... tout est identique.

J'aime que mes spots TV soient en réalité des spots radio, seulement avec une image ajoutée. Si le spectateur n'est pas devant la TV, il peut toujours recevoir l'offre complète. Je ris quand je vois des spots télévisés sans voix et juste de la musique !

Si vous placez des spots radio... ne vous fâchez pas pour les résultats des trois ou quatre premiers jours. Les spots radio prennent quelques jours pour atteindre leur pleine vitesse. Ils ont besoin de répétition pour commencer à générer des commandes.

Maintenant, quand vient le temps des spots radio... j'aime faire de la publicité sur des talk-shows et pas tant sur des stations de musique. Si j'ai un grand succès sur certaines stations de talk-show, alors je peux essayer quelques stations de musique... mais la dernière fois que j'ai essayé les stations de musique, ça ne s'est pas bien passé.

À la radio, un numéro 800 facile à retenir peut être utile, afin que les auditeurs puissent facilement se souvenir de mon numéro.

Vous voulez faire de la publicité pendant les heures de pointe... c'est quand la plupart des auditeurs sont en voiture. C'est alors que les gens écoutent vraiment la radio... pas tant au travail ou à la maison.

Habituellement, la station de radio fera le doublage commercial pour vous. Ils ont déjà des personnalités avec de grandes voix radio et disposent d'un studio complet pour enregistrer. Mais si vous cherchez à diffuser des spots sur plusieurs stations, une station ne vous donnera pas une copie du spot à diffuser sur une station concurrente.

J'ai fait très peu de publicité radio à mon apogée... et même si j'étais efficace, je ne suis pas un expert comme je le suis avec le mailing direct et l'impression. Donc, si vous cherchez à placer des annonces à la radio... il pourrait être sage pour vous de chercher des informations supplémentaires sur ce sujet dans d'autres livres ou auprès de consultants.

CHAPITRE 30

Le "suck out"

Avant d'essayer de vous expliquer ce qu'est le "suck out", je veux vous raconter deux histoires différentes. Les deux concernent la publicité dans les magazines... mais elles peuvent être facilement appliquées aussi bien aux spots TV qu'à la radio.

Une fois, je faisais de la publicité dans de grands magazines pour vendre certaines cires pour voitures coûteuses. Je faisais de la publicité dans les principaux magazines automobiles et ça se passait plutôt bien.

La première fois que j'ai publié l'annonce... elle a très bien fonctionné... la deuxième fois... elle a bien fonctionné... la troisième fois que j'ai publié l'annonce... elle a assez bien fonctionné... la quatrième fois, elle a juste équilibré. Toute annonce publiée ensuite aurait juste perdu de l'argent.

Quelques années plus tard, je faisais de la publicité dans un magazine de bodybuilding, qui avait 150 000 copies payées, vendues chaque mois. J'avais trois pages de publicité dans ce magazine et elles me rapportaient 1 500 commandes ! C'est 1% des lecteurs du magazine qui commandaient mon produit à chaque édition. Croyez-moi - un pourcentage aussi élevé n'arrivera jamais pour aucun autre marketeur direct. Mais cela ne peut pas durer éternellement. Si je devais obtenir cette réponse de 1% chaque mois, après un an, j'aurais 12% du magazine comme clients. C'est pratiquement impossible.

Après cinq ou six mois de publicité dans ce magazine de bodybuilding, l'annonce qui m'avait apporté 1 500 commandes en apportait maintenant 250. Qu'est-il arrivé ? Ma publicité était trop bonne. Ce qui s'est passé, c'est que le magazine ne fournissait qu'un certain montant de "nouveaux" lecteurs chaque mois... et mes annonces dans le magazine apportaient plus de commandes que de nouveaux clients étaient générés.

En d'autres termes, mes annonces fonctionnaient à merveille pendant quelques mois... mais une fois que j'avais "aspiré" tous les acheteurs intéressés... si le magazine ne renouvelait pas son lectorat avec des noms frais assez rapidement - mes annonces deviendraient bientôt inutiles.

Gary Halbert dit la même chose. Il créait des annonces si puissantes qu'elles ne fonctionnaient qu'une ou deux fois. Certes, elles fonctionnaient très bien une ou deux fois... mais elles extrayaient chaque client potentiel en une ou deux insertions, mais ce n'est pas un problème négatif.

Cela arrive surtout lorsque vous faites de grandes publicités sur plusieurs pages. Certes, une annonce de 1/8 de page, si elle est rentable sur un grand magazine, peut apporter des commandes pour toujours et ne jamais perdre sa force. Après tout, une petite annonce comme celle-ci n'est pas en train d'"aspirer" autant de nouveaux lecteurs que le magazine en génère.

Évidemment, si vous pensez que vous ne vous dérangeriez pas de recevoir des commandes constantes pendant des années en publiant de petites annonces au lieu d'annonces plus grandes qui "aspireraient" trop vite... vous pourriez être dépassé par un concurrent plus grand et il publiera des annonces sur une page entière plus grandes et volera tous vos profits... ou même vous fera sortir du marché.

Mais d'un autre côté, si vous avez une annonce gagnante, et que vous publiez des annonces pleine page et sur plusieurs pages, vous pourriez recevoir des commandes comme un fou et gagner gros... juste pour brûler votre annonce en trois ou quatre insertions.

Évidemment, si vous me demandiez ce que vous devriez faire - si exécuter de petites annonces qui peuvent durer plus longtemps ou de grandes annonces qui peuvent s'épuiser plus rapidement... Je vous dirais d'exécuter les plus grandes annonces.

Voici ce qu'il faut faire lorsque votre annonce commence à perdre sa capacité magnétique à attirer des clients:

1. ut d'abord, vous pouvez exécuter votre annonce principale pendant quelques mois et une fois qu'elle commence à décliner, vous pouvez exécuter une annonce alternative qui essaie de vendre d'un point de vue différent pour attirer différents clients. Lorsque vous

créez cette nouvelle annonce avec un nouvel angle, assurez-vous de ne pas copier beaucoup de votre première annonce.

2. Maintenant, exécutez cette nouvelle annonce avec un nouvel angle et elle devrait apporter de nouveaux clients attirés par des affirmations et des désirs différents. Exécutez cette annonce pendant un mois; exécutez votre première annonce le mois suivant, et ainsi de suite. Ou vous pouvez exécuter votre première annonce jusqu'à ce qu'elle n'attire plus, puis exécuter la seconde annonce jusqu'à ce qu'elle n'attire plus et puis revenir à la première annonce. Si la réponse est restaurée, excellent. Sinon... vous devez créer une troisième annonce avec un autre angle. Si vous pouvez réussir à faire cela et continuer à recharger votre produit avec de nouvelles annonces, vous êtes dans une position fantastique.

3. L'autre chose que vous pouvez faire, au lieu d'exécuter votre annonce chaque mois unique (ce que je recommande de faire quand vous avez un gagnant), est de placer votre annonce un mois sur deux.

Évidemment, si vous exécutez des spots radio ou des spots télévisés ou des infopublicités et que la réponse commence à décliner... les techniques dans ce chapitre doivent être utilisées de la même manière - refaire le spot publicitaire avec un nouvel angle pour attirer de nouveaux clients... ou l'exécuter moins souvent dans l'espoir que certains prospects frais se développent dans le temps qui passe entre chaque spot, ainsi, quand vous revenez, vous les cueillez tous à nouveau jusqu'à ce qu'ils soient tous partis. Puis répétez encore... et encore...

Il y a d'autres moyens d'augmenter les ventes d'une annonce vieille ou usée... regardez dans le chapitre précédent qui parle d'améliorer votre réponse en améliorant votre offre. Peut-être pouvez-vous faire une nouvelle annonce avec un prix... ou un cadeau... ou en ajoutant des ventes additionnelles... ou en augmentant votre back-end.

Ce qu'un marketeur fait, quand ses annonces n'attirent plus comme avant, montre son véritable caractère. Vous devez être innovant. Vous devez ramener la réponse là où elle était. Dans ce business, vous êtes en croissance ou en déclin.

CHAPITRE 31

Employés

Une fois que votre entreprise commence à croître, vous aurez besoin de certains employés. Vous pourriez avoir besoin d'aide immédiatement... juste après avoir obtenu des résultats positifs de vos tests.

Ce que je vous conseillerais de faire, c'est d'abord de trouver des membres de votre famille qui peuvent vous aider. Je suis sûr que vous êtes nerveux à l'idée d'embaucher un inconnu et de devenir le "patron" de quelqu'un aussi rapidement. Et une autre chose est que vous ne voulez probablement pas encore louer un bureau. Ce serait un peu gênant pour des étrangers de venir travailler dans votre cuisine avec vous.

Quand j'ai commencé dans ce business en 1994, mon oncle était associé avec moi. Nous gérons nos appels, expédions nos produits, fondamentalement, nous faisions tout par nous-mêmes.

C'était facile, car nous n'étions pas si bons dans ce business à l'époque, donc l'entreprise restait petite.

En 1995, nous avons déménagé dans notre premier complexe de bureaux.

Voici tout ce que j'ai appris sur les employés en 10 ans... embauchant et licenciant plus de 500 personnes.

Restez Professionnel

Je ne veux pas dire que vous devez être un robot. Mais essayez de maintenir la séparation entre employé et employeur. Ne sortez pas avec eux. Ils ne peuvent pas être vos amis en dehors du bureau.

Je me souviens d'un gars qui travaillait pour moi nommé Tom. J'allais en boîte avec Tom les week-ends. Je lui ai toujours dit que s'il faisait des bêtises au bureau ou m'embarrassait jamais, je le licencierais quand même, et il le comprenait. Tout allait bien jusqu'à ce qu'une fois il arrive en retard et je crois qu'il voulait se la jouer devant une jolie fille assise à côté de lui. Elle a dit : "Tu es encore en retard ? Ils vont te licencier !" et il lui a dit : "Je suis ami avec le patron, je peux me permettre d'arriver en retard." Maintenant, cela m'a mis dans une position très délicate. La nouvelle de ce qu'il avait dit s'est répandue en quelques heures. Tout le monde regardait ce que j'allais faire. Si je le gardais, personne ne me respecterait et le bureau se transformerait lentement en anarchie. Mais si je le licenciais, je pourrais perdre un ami... et même si nous sortions encore... cela ne serait jamais pareil. Je l'ai licencié et même si nous sommes encore sortis, cela n'a jamais été pareil et il me demandait toujours s'il pouvait revenir. Je ne l'ai jamais réembauché.

Souvenez-vous juste de ceci : Il y a un mur entre vous et vos employés. Traitez-les de manière professionnelle et ils seront professionnels. Soyez amical et ils seront amicaux, ce qui est bien... mais si vous devenez trop proches... ils deviendront trop proches... et quand vous avez besoin de revenir en mode professionnel... ils ne le pourront pas. Une fois que le mur est tombé... il ne se relève jamais.

Ne Faites Pas Le Paon

Bien sûr, une fois que vous devenez prospère, il est difficile de ne pas le montrer. Je me suis une fois présenté au bureau avec ma Rolex en diamants conduisant ma Rolls Royce - c'était une erreur.

Les personnes qui travaillent pour vous peuvent devenir sérieusement jalouses. Les employés jaloux sont un cancer et affectent toute la main-d'œuvre.

Les personnes qui travaillent pour vous sont souvent coincées dans le travail qu'elles font. Elles sont là pour répondre à vos commandes ou prendre vos appels de service client ou expédier vos commandes. Elles pensent que tout est à vous. Elles pensent que si vous recevez 300 commandes par jour à 100 dollars... tous les 30 000 dollars sont à vous à garder et que vous êtes chez vous dans une villa quelque part en allumant des cigares avec ces centaines.

Croyez-moi, elles ne sont pas heureuses pour vous. Elles sont heureuses d'avoir un travail pour payer leurs factures. Et si jamais vous les licenciez, tout ce dont elles se souviendront c'est à quel point vous êtes riche et comment elles peuvent vous détruire.

Faites-leur Signer des Clauses de Confidentialité et de Non-concurrence

C'est nécessaire si vous avez un produit qui peut être copié ou si les employés voient des informations qu'ils peuvent voler de chez vous et démarrer leur propre entreprise (ou les emmener à un concurrent). Habituellement, je fais signer à tous les employés un accord qui dit qu'ils ne peuvent pas entrer dans une entreprise ou travailler pour une entreprise traitant d'un produit connexe pendant un certain nombre d'années après leur départ ou la faillite de l'entreprise.

J'ai eu un employé qui a démissionné et son ami travaillait encore pour moi. Son ami faisait des heures supplémentaires une nuit et a fait une copie de notre base de données clients entière. Ils ont volé 500 000 clients et nous ne l'avons su que lorsque nos clients nous appelaient pour demander pourquoi nous avions vendu leurs noms à une entreprise concurrente. Lorsque nous avons demandé au client de nous envoyer une copie du matériel de vente qu'ils avaient reçu, nous l'avons remonté aux anciens employés ! La lettre de vente renvoyait à une adresse qui était proche de notre bureau, donc j'ai fait asseoir quelqu'un chez Mail Boxes Etc. pour voir si elle voyait des anciens employés entrer dans le lieu... et effectivement... celui qui avait démissionné est entré là et a pris son courrier ! Nous avons alors immédiatement licencié son ami et fait signer à tous les employés des clauses de non-concurrence et de confidentialité.

Virer le mauvais employé

Quand vous avez un mauvais employé, c'est comme un cancer. Et quand un corps a un cancer, que faisons-nous ? Nous le coupons avant qu'il ne se propage et si nous le laissons non traité trop longtemps, nous sommes morts.

Qu'est-ce qui rend votre entreprise différente ?

Une fois, j'ai dû licencier toute une équipe de nuit. Le superviseur était ami avec tous les travailleurs avant de travailler pour nous. Il a gardé cela secret. Quand nous avons licencié trois ou quatre des travailleurs... toute la salle avait une attitude négative parce qu'ils étaient tous amis, y compris le superviseur. J'ai dû littéralement licencier 9 des 10 personnes de cette équipe de nuit et réembaucher tout le monde.

Et si vous continuez à garder le cancer pour travailler pour vous, cela vous causera d'énormes problèmes à long terme. Il attendra que vous fassiez un faux pas et une fois qu'il a quelque chose sur vous... vous êtes fini.

Je me souviens d'avoir eu une femme qui implorait des heures supplémentaires de travail, car elle avait besoin d'argent. Notre entreprise n'offrait pas d'heures supplémentaires parce que j'aurais dû les payer plus que l'heure normale. Elle a continué à dire qu'elle accepterait juste le salaire normal. Nous avons fini par lui donner les heures supplémentaires avec son salaire de base.

Quelques mois plus tard, cette dame est devenue un

cancer. Elle devait être sous l'influence de drogues. Sa performance se dégradait. Et quand elle a été finalement licenciée, elle est devenue vindicative et s'est tournée vers le Bureau du Travail en se plaignant d'avoir travaillé plus de 40 heures sans jamais recevoir de paiement pour les heures supplémentaires. Toutes ces heures que nous lui avions données par pure gentillesse, nous ont coûté 2000 dollars de plus.

Ne Favorisez Personne!

Nous avions un assez grand département d'expédition. Quatorze employés dédiés uniquement à l'expédition des commandes aux clients. Nous expédiions 7 000 commandes par jour. Nous prenions du retard. Pour une raison quelconque, ils ne pouvaient pas faire sortir les commandes en une journée. Et je savais que c'était absurde parce que je savais qu'une personne pouvait facilement sortir 1 000 commandes par jour.

Quatorze personnes devraient être capables d'expédier 14 000 commandes... mais elles ne pouvaient même pas en faire sortir 7 000... Que se passait-il ?

Eh bien, il s'est avéré que mon associé avait un faible pour l'un des employés du département d'expédition. Il lui faisait faire des tâches personnelles pour lui... comme aller à la pharmacie... mettre en place des arbres de Noël chez lui et au bureau... etc. Il était clairement favorisé.

Ce qui aggravait les choses, c'est que ce gars se vantait

auprès de ses collègues. Quand mon associé le faisait aller chercher une ordonnance à la pharmacie, il lui donnait sa carte de crédit pour payer. Eh bien, ce gars allait voir tous ses collègues et leur montrait la carte de crédit et disait que mon associé lui avait effectivement donné une carte de crédit et qu'il pouvait acheter tout ce qu'il voulait. Évidemment, ces travailleurs voyaient le nom sur la carte de crédit et devenaient jaloux.

La performance de tout le département en a souffert. Nous prenions de plus en plus de retard dans les expéditions. Je voulais licencier ce gars mais il était l'ami de mon associé. C'était simplement un désastre. Donc, ne favorisez personne - même pas votre petite amie si elle travaille pour vous.

Vérifiez les Références

Nous devions embaucher des gens si rapidement que nous n'avions pas toujours le temps de vérifier leurs références. Vous devez le faire. La plupart des références de ceux qui se sont avérés être de mauvais employés étaient fausses. Un simple coup de fil ou deux aux référents aurait aidé avant d'embaucher un paresseux. Je voulais même faire passer des tests de dépistage de drogue à mes nouveaux employés... mais il y avait tellement de toxicomanes que nous n'aurions pas eu assez d'employés.

Évitez d'Embaucher des Amis et des Membres de la Famille

Je le dis de deux manières différentes. D'abord, je n'ai aucun problème à embaucher des membres de la famille. Parfois, ce sont les seules personnes en qui vous pouvez avoir confiance et vous pouvez les réprimander lorsqu'ils font une erreur sans vous soucier qu'ils vous poursuivent.

Je déconseille d'embaucher vos amis personnels, car leur emploi pourrait ne durer que quelques mois... et ensuite, il ne sera plus votre ami. Croyez-moi.

Ce que je veux dire, c'est de ne pas embaucher des amis ou des membres de la famille de vos employés. Si vous avez embauché Jim et Jim est un bon travailleur et veut que vous embauchiez Jack, son frère... mais Jack s'avère être mauvais et vous le licenciez, Jim vous détestera.

Rendez-le clair dès le début.

NOUS N'EMBAUCHONS PAS D'AMIS OU DE FAMILLE DES EMPLOYÉS ACTUELS !

Ne Parlez Jamais d'Affaires Personnelles ou Importantes Devant Eux

Je me souviens une fois avoir eu un problème avec un processeur de paiements et ils interrompaient notre service. Moi et mon associé en parlions trop fort et les travailleurs l'ont entendu. Même si pour nous ce n'était pas un gros problème, nous avons obtenu un nouveau processeur en un ou deux jours ; les employés étaient paniqués. Ce panique se transmettait dans leurs voix alors que nous recevions moins de commandes pendant quelques jours et les pourcentages de ventes additionnelles étaient beaucoup plus bas. Les travailleurs ordinaires ne devraient pas être au courant des nouvelles et des questions principales de l'entreprise. Ils ne peuvent pas le gérer. Et ils ne devraient pas être au courant de rien en dehors de la portée de leur travail. Ils sont embauchés pour répondre aux appels de commande - c'est tout ce qu'ils devraient savoir.

Faites Croire que Vous Êtes Pauvre ou que Vous Vous en Sortez à Peine

Je n'aime jamais que mes employés pensent que je suis riche. J'aime qu'ils pensent que je suis un travailleur acharné et que je travaille tellement dur, qu'ils ne m'envieraient jamais. Ils préfèrent évidemment travailler à l'heure et être payés à l'heure parce qu'après 17h, ils n'ont plus à penser au travail jusqu'au lendemain.

Si un employé fait un commentaire sur votre richesse, assurez-vous de le minimiser. Assurez-vous de dire quelque chose comme, "Oui, une fois que j'ai remboursé mes investisseurs, il me reste moins que ce que tu fais en une semaine." ou quelque chose du genre. S'ils disent, "Wow, quelle belle Mercedes.", vous dites quelque chose comme, "Oui, mais le paiement du leasing est plus élevé que mon loyer !" ou quelque chose du genre, "Je vis dans un taudis pour pouvoir avoir une voiture décente."

Respectez Votre Produit ou Service - S'ils Ne le Font Pas, Eux Non Plus

Assurez-vous toujours de ne jamais parler mal de vos produits ou services devant vos employés. Même si vous pensez que le produit est mauvais, gardez-le pour vous. Dès qu'ils entendent que vous ridiculisez votre produit, ils penseront qu'il est juste de le penser moins. S'ils répondent à vos appels de commande, cela transparaîtra aux appelants et vous recevrez de moins en moins de commandes. Votre produit est le meilleur pour le prix que vous demandez.

Surveillez Vos Commandes Téléphoniques

Je me souviens avoir vendu un produit sur la base d'une auto-expédition. Je vérifiais les commandes de la veille et j'ai remarqué qu'un grand pourcentage de clients n'était pas inscrit dans le club d'auto-livraison. En regardant de plus près, j'ai découvert que toutes les commandes sans auto-expédition provenaient de nos spots TV. J'ai appelé le Superviseur de ce département et lui ai demandé pourquoi son département avait du mal à maintenir les appelants TV dans le forfait d'auto-livraison.

Maintenant, c'était le nouveau Superviseur et la nouvelle équipe que j'avais embauchée après avoir fait le ménage comme je l'ai mentionné quelques pages plus tôt. Il s'est avéré que le Manager de bureau qui l'avait formé avait oublié de lui dire un script à lire aux personnes passant des commandes depuis notre spot TV. Ce script était le script d'auto-livraison. Il n'en savait rien, donc il ne l'a pas fait lire à ses employés.

C'était la faute du manager du bureau. Si je n'avais pas gardé un œil non seulement sur le nombre de commandes arrivées la veille... mais aussi sur combien d'entre elles provenaient de chaque source et combien avaient opté pour sortir des livraisons automatiques... je n'aurais jamais découvert cette erreur coûteuse.

Assurez-vous toujours que vos preneurs de commandes lisent correctement leurs scripts et surveillez tout ce qu'ils font.

Les employés peuvent être un atout très nécessaire tant que vous savez comment les former correctement et les garder en ligne. Ils sont comme des animaux sauvages dans un certain sens. Si vous êtes un mauvais dresseur, ils se déchaîneront et ruineront tout votre lieu. Si vous avez une main amicale, mais ferme... et que vous traitez bien les gens... et essayez de ne pas être un idiot... ils travailleront dur pour vous.

Si vous les traitez mal. Si vous les traitez injustement. Si vous les rendez jaloux... ils chercheront n'importe quel moyen de faire tomber votre entreprise.

C'est pourquoi de nombreux entrepreneurs se tournent vers les centres d'appels, afin de ne pas avoir à supporter ce tracas. Ces entrepreneurs expédient leurs produits via des maisons d'expédition pour ne pas avoir besoin de départements d'expédition.

Même si tout cela est beau en théorie, la qualité de votre réponse et la qualité de votre service client en souffriront.

CHAPITRE 32

Les 3 façons de grandir

Je ne m'attribuerai pas le mérite de ce chapitre. Mon mentor Jay Abraham l'a expliqué si magnifiquement : il n'y a que trois et uniquement trois façons de faire croître n'importe quelle entreprise :

1. Vous pouvez obtenir plus de nouveaux clients.
2. Vous pouvez faire en sorte que les clients achètent à un prix plus élevé.
3. Vous pouvez faire en sorte que les clients achètent plus fréquemment.

C'est tout ! Essayez d'en trouver un autre de toutes vos forces... vous n'en découvrirez pas d'autre.

Voyons quelques façons dont vous pouvez obtenir plus de nouveaux clients pour entrer et acheter votre produit ou service.

Systèmes de Parrainage

Vous pouvez mettre en place des systèmes de parrainage où vos clients existants peuvent vous référer de nouveaux clients pour un bonus. Tout ce qu'ils ont à faire est de faire appeler leur ami à ce numéro spécial 800 pour commander. Lorsque le gars appelle pour passer une commande, demandez qui l'a référé à vous. Prenez note et envoyez au gars les 30 dollars ou ce que vous lui avez promis.

Acquérir des Clients à l'Équilibre et Gagner sur le Back End

Je vendais une pilule il y a quelques années qui gagnait sur certaines listes et allait à l'équilibre sur des listes plus grandes. Certes, je pourrais gagner pas mal d'argent en envoyant aux listes plus petites et en fait réaliser un profit décent sur le front-end... mais le volume pur dont j'avais besoin était celui des listes qui allaient à l'équilibre. Sachant que les clients achèteraient un certain nombre de fois en back end, j'étais en mesure d'acquérir ces nouveaux clients à l'équilibre et de compter sur le fait qu'ils achèteraient beaucoup de produit de moi en back end.

Garantir les Achats avec des Garanties de Remboursement

Je vous ai déjà dit de nombreuses fois dans ce livre que vous ne pouvez vendre rien par correspondance en réponse directe sans offrir à votre client une garantie de remboursement. C'est la norme de l'industrie et les gens s'attendent aujourd'hui à une forme quelconque de promesse de satisfaction. Si vous cherchez un moyen d'augmenter la prise de nouveaux clients... c'est une méthode qui peut aider.

Relations Hôte-Parasite

J'en ai parlé dans un chapitre précédent. Une relation Hôte-Parasite est là où vous pouvez avoir d'autres entreprises qui sollicitent leurs clients en votre nom et partagent les revenus. Disons que vous possédez une entreprise de films et que vous connaissez un gars qui possède une entreprise d'appareils photo. Ce que vous pouvez mettre en place est un accord où il sollicite ses clients et leur dit à quel point votre entreprise de films est fantastique. Et étant donné que ses clients ont besoin de films, car ils sont tous des clients d'appareils photo... c'est une cible facile et la réponse devrait être excellente. Maintenant, normalement vous paieriez l'expédition et l'impression dans de telles circonstances, et vous diviseriez probablement les profits 50/50. Rien n'est gravé dans la pierre... vous pouvez modifier cette offre de toute façon que vous et votre hôte souhaitez.

Certes, vous pourriez être capable de louer sa liste de clients... mais la réponse sera de nombreuses, de nombreuses fois plus efficace lorsque la lettre de vente est envoyée directement par lui à ses clients.

Publicité dans les Magazines, à la Télévision, à la Radio

Si vous envoyez seulement des lettres de vente et si elles sont rentables, peut-être devriez-vous envisager de faire de la publicité... ou des spots radio ou télévisés. Peut-être même un infomercial!

Faire du Direct Marketing

Comme ci-dessus... si vous faites de la publicité dans des magazines, à la télévision ou à la radio... vous pouvez augmenter le nombre de nouveaux clients en faisant du direct mail.

Augmenter la Valeur Perçue de Ton Produit de Façon Éducative

Je suis tellement fatigué de raconter cette histoire, car chaque marketeur direct la partage. Mais son exemple est tellement puissant, je vais te la raconter. Il y a de nombreuses années, le pionnier de la publicité Claude Hopkins fut engagé par la brasserie Schlitz pour augmenter leurs ventes. Nous parlons des années 20. Claude Hopkins a visité l'usine de Schlitz et a vu quelques choses remarquables. D'abord, les bouteilles devaient être nettoyées à la vapeur plusieurs fois avant que la bière ne soit versée dedans. Ils avaient différentes techniques à réaliser avant que leur bière ne soit embouteillée. Claude a demandé au brasseur pourquoi ils ne parlaient pas de toutes ces étapes dans leurs publicités. Et ils ont répondu que ce n'était rien de spécial... tous les producteurs de bière devaient faire les mêmes choses. Mais le consommateur ne le savait pas. Alors, ce que Claude a fait, c'est créer de nouvelles publicités pour Schlitz expliquant tous les incroyables processus que leur bière devait subir avant d'atteindre les lèvres du consommateur. Même si ces étapes étaient standard chez tous les producteurs de bière, le consommateur n'en était pas conscient. Ainsi, quand le consommateur lisait tout sur ces bouteilles nettoyées trois fois et plus, ils valorisaient davantage le produit Schlitz. Les ventes ont grimpé en flèche.

Si ton complément alimentaire utilise un extrait super-puissant qui va au-delà des ingrédients ordinaires que tu peux utiliser... raconte-leur tout sur comment les ingrédients que tu utilises sont meilleurs.

Augmenter Ton Offre

C'est aussi simple que d'ajouter un meilleur cadeau... ajouter plus de bonus... fondamentalement en donnant plus au client lorsqu'il passe une commande. Assure-toi juste que cela n'impacte pas trop ton CTO.

Voici quelques façons dont tu peux faire en sorte que tes clients achètent plus en moyenne:

Upsell

Nous venons juste de parler de l'upsell et des augmentations il y a quelques chapitres, donc tout cela devrait être encore frais dans ton esprit. J'ai réussi à augmenter l'unité moyenne de vente de 70 à plus de 100 dollars juste en ajoutant quelques upsells et en commissionnant mes vendeurs à vendre, vendre, vendre ! Passer de 70 à 100 dollars sur une unité de vente moyenne initiale est une augmentation de plus de 40% sur l'unité de vente moyenne.

Améliorer la capacité de vente additionnelle de ton équipe

Les ventes additionnelles sont excellentes, mais si tu as des vendeurs médiocres ou démoralisés qui répondent aux appels et lisent le script... c'est inutile. Les mauvais vendeurs sont nocifs pour l'entreprise. Tu n'aurais pas d'entreprise s'il n'y avait pas de "vente" de trucs. Ça m'amuse quand j'entends des gens dire qu'ils veulent faire des affaires, mais qu'ils sont mauvais pour vendre des trucs. Même si tu écris des lettres de vente, tu vends ! Un moyen d'augmenter les pourcentages de vente additionnelle est de donner des commissions à tes vendeurs... si cela produit seulement quelques superstars... licencie les perdants ou assigne-leur des postes non commerciaux dans ton entreprise et garde seulement les superstars des ventes additionnelles au téléphone !

Offrir des unités plus grandes ou en plus grande quantité

Quand nous vendions nos cires pour voiture, nous proposions un kit d'un demi-litre et un kit d'un litre. Même produit... juste plus de quantité à un prix réduit. Des entreprises comme Costco et d'autres font des affaires milliardaires en vendant aux consommateurs des quantités plus importantes à un meilleur prix par poids. Pense de cette façon, tu pourrais ne jamais vendre plus au client... donc obtiens le maximum que tu peux dès la première vente.

Augmente ton prix

Même une petite augmentation dans les frais de livraison et de gestion. Parfois, tu peux augmenter ton prix sans affecter le volume de commandes. Si tu vends un produit à 60 dollars... tu pourrais essayer d'obtenir 3 dollars de plus. Cela représente 5%. Probablement, c'est la dernière et la moins populaire méthode que j'ai utilisée dans le passé.

Voici quelques façons de faire en sorte que tes clients existants achètent plus souvent:

Avoir un back-end solide pour pouvoir revenir vendre

Je te l'enseignais dès le premier chapitre de ce livre... si tu n'as pas un back-end solide pour revenir vendre encore et encore... tu devrais regarder vers d'autres produits. Avoir un back-end solide a fait la différence entre une entreprise de 2,4 millions de dollars par mois et une entreprise de 7,2 millions de dollars par mois. Et tous les millions ajoutés au-delà des 2,4 étaient pratiquement tout bénéfice, puisque je n'avais pas à dépenser un dollar en publicité supplémentaire. 4,8 millions de dollars de bénéfice pur par mois simplement en ayant un back-end fantastique, c'est ce qui rend ce business le meilleur au monde.

Publiciser les produits d'autres personnes à ta liste

C'est la même chose que la relation Hôte-Parasite dont je parlais avant... mais à l'inverse. Au lieu de faire en sorte que les entreprises promeuvent tes produits à leur liste... tu vas publicier les produits d'autres personnes à ta liste de clients.

Ce que tu devras faire est d'aller voir d'autres entreprises et voir si elles veulent faire un tel accord. Évidemment, si les entreprises viennent à toi, tu peux leur faire payer le coût total d'expédition et d'impression pour solliciter ta base de données... mais si tu les cherches, tu as de la chance d'obtenir un 50/50... et peut-être finiras-tu par payer l'intégralité de l'expédition et de l'impression.

Programmer les clients pour acheter à des intervalles de temps spécifiques

Avant toute cette maintenance programmée gratuite que les constructeurs automobiles offrent aujourd'hui... te souviens-tu quand ils voulaient que tu viennes tous les 3 mois ou 3 000 miles pour un changement d'huile ? Maintenant, tu n'as peut-être vraiment pas besoin d'un changement d'huile aussi souvent... mais ils te programmaient des visites tous les 3 mois ou 3 000 miles. Les dentistes ont des contrôles qui peuvent être annuels... ou trimestriels, etc.

Si tu peux trouver un moyen de programmer les

clients pour acheter à nouveau... c'est toujours un avantage... à moins que ce ne soit moins souvent qu'ils n'achèteraient de leur propre initiative.

Offrir des incitatifs de prix ou des bonus pour la fréquence

Le magasin de smoothies près de chez moi fait cela excellently. Quand tu achètes un smoothie, ils tamponnent une carte avec 10 cases. Chaque fois que j'entre avec cette carte, ils la tamponnent une fois. Si j'oublie la carte, ils me donnent une nouvelle carte tamponnée, car ils acceptent 10 tampons même s'ils sont sur des cartes différentes. Quoi qu'il en soit, une fois que la carte a 10 tampons, tu obtiens un smoothie gratuit. J'ai vu cela fait dans des lavages de voiture... des cafés... Si tu peux utiliser cela dans tes ventes directes... tu fais bien.

Tu peux aussi offrir un bonus gratuit avec une certaine fréquence d'achat.

CHAPITRE 33
Éviter la prison

Si tu ne sais pas ce que tu fais... tu pourrais finir par énerver un Procureur Général... la Commission Fédérale du Commerce... les Inspecteurs Postaux... ou l'une des nombreuses autres agences gouvernementales. Voyons comment éviter les erreurs commerciales les plus courantes qui mettent les marketeurs directs dans l'embarras :

Règle n°1

Envoie les Produits Sous 30 Jours ou Plus Tôt !

Dès le jour où tu charges la carte de crédit du client, ou dès le jour où leur chèque personnel est encaissé à la banque... tu as 30 jours pour livrer leur commande. La plupart des clients appelleront et se plaindront au bout de deux semaines s'ils n'ont pas encore reçu leur commande. Donc, si le produit prendra tous les 30 jours pour arriver à ton client, assure-toi de le leur dire lorsqu'ils sont au téléphone pour passer une commande.

Maintenant, tu peux envoyer les produits plus tard que 30 jours à condition que tu en informes le client. C'est pourquoi tu vois certains spots publicitaires dire, "permettre 3 à 6 semaines pour la livraison"... et parfois même plus !

En cas de retard, après avoir informé le client au téléphone... ce que tu devrais faire est d'envoyer une carte postale les informant que tu leur donneras un bonus gratuit ou quelque chose d'autre pour leur patience une fois que tu expédies leur commande. Cela diminuera beaucoup d'annulations. Et sur cette carte postale, tu dois donner au client l'option d'annuler sa commande.

Cette carte postale est à utiliser pour ce que nous appelons "commandes en attente" :

"Je suis désolé, mais cela prendra un peu plus de temps que prévu pour envoyer ta commande de (nom du produit). Nous avons eu un énorme pic de ventes et nous l'avons épuisé plus rapidement que nous le pensions. Notre fournisseur nous dit qu'il ne peut pas nous fournir le produit avant le (date). Donc, pour compenser ce retard, une fois que nous expédierons ta commande le (date), j'inclurai un bonus gratuit d'une valeur de (prix). Voici de quoi il s'agit : (paragraphe sur le bonus gratuit). Naturellement, si tu ne peux tout simplement pas attendre jusqu'au (date) pour recevoir ta commande, tu peux nous appeler au (téléphone) et nous émettrons immédiatement un crédit. Encore, je suis désolé pour le retard. Je comprends que tu es impatient de recevoir (nom du produit)."

Ça sonne bien ? Tu peux utiliser ces mots si tu en as besoin.

Règle n°2

Donne Tous les Crédits Légitimes Sous 15 Jours !

Maintenant, le mot clé est "légitime". Si quelqu'un essaie de te duper, tu peux faire ton évaluation. La plupart du temps, il vaut mieux simplement rembourser l'argent - même si la période de garantie est dépassée de quelques jours.

Crois-moi - si tu es trop strict avec les crédits et que la majorité de tes clients passent commande avec des cartes de crédit, tu crées juste des problèmes à la compagnie de la carte de crédit.

Mon conseil... Ne sois pas désagréable... mais ne sois pas stupide non plus.

Règle n°3

Ne Mens Pas à Tes Prospects !

Si tu exagères ton produit dans ta publicité - c'est bon. Si tu utilises des hyperboles... c'est bon. Si tu mens... tu es fichu.

Certes, tu pourrais t'en sortir pendant un moment... mais une fois qu'une agence gouvernementale commence à fouiner dans toute ton entreprise... c'est fini.

Parfois, tu pourrais juste être trop enthousiaste ou trop zélé quand tu rédiges ta publicité... et c'est quelque chose que tous les marketeurs directs font. Juste ne pas exagérer.

J'ai une nouvelle règle pour moi-même. À moins que je ne puisse obtenir un expert comme un Docteur qui dit que mon produit peut faire ce que j'ai dit qu'il peut faire... et à moins que ce Docteur puisse être un total inconnu... et serait capable de se tenir sur un banc des témoins dans une salle d'audience et de dire au procureur que ce que je dis est vrai... je m'abstiendrai de le dire.

Et si tu veux faire des affirmations folles, assure-toi d'obtenir la preuve de réserve à l'avance. Si tu dis que cette crème réduit la cellulite de 36%... tu ferais mieux de trouver des données scientifiques pour le prouver... et conserve des copies dans un endroit sûr autre que ta maison ou bureau.

Mieux vaut prévenir que guérir.

Règle n°4

Vends des Produits Que Tu Sais Fonctionneront Comme Annoncé !

Ou au moins très proche de ce que tu affirmes.

Essaie de vendre seulement ce que tu crois fonctionner d'une manière ou d'une autre. Souviens-toi, ton opinion sur le produit est ton opinion. Ce qui compte, c'est si tu peux avoir des problèmes pour vendre ce que tu vends. Et si plus de 10% de tes clients demandent un remboursement.

Évidemment, je ne suis pas avocat et je ne suis pas en mesure de te donner des conseils juridiques, donc je te conseillerais de faire examiner tout ce sur quoi tu as des questions ou des préoccupations par un avocat.

De plus, si tu as des "squelettes" dans ton placard... assure-toi qu'aucun employé, fournisseur ou client n'en soit jamais au courant... parce que s'il vient un moment où tu les énerves... ou même si tu ne le fais pas... ils peuvent et utiliseront ce "squelette" contre toi - et dans certains cas... cela peut te ruiner.

CHAPITRE 34

Imitations

Une fois que tu lances une publicité ou un infomercial quelques fois... c'est un signal pour d'autres marketeurs que tu as un produit gagnant. Beaucoup de marketeurs directs n'inventent pas leurs propres idées... ils volent les idées gagnantes des autres.

Un professionnel du marketing direct m'a dit que voir un infomercial diffusé pendant deux week-ends de suite... est un signal que le show est rentable et d'autres marketeurs directs voleront bientôt l'idée.

Maintenant, au cours des dernières 10 années, j'ai eu environ une demi-douzaine de grands succès en marketing direct. J'ai été imité au moins quatre fois. Un qui a volé l'un de mes produits gagne plus de 200 millions de dollars !

Un autre se vante dans son infomercial d'avoir vendu un quart de milliard de dollars de "son" produit. Bien pour lui. Qu'il s'étouffe et meure.

Mais en réalité, je ne peux pas les haïr pour ce qu'ils ont fait. Ma petite amie Suzanne se fâche tellement quand elle voit une des publicités télévisées d'imitation. Je lui dis ceci :

"Disons que nous étions fauchés ou en difficulté.

Imagine voir ce produit que quelqu'un d'autre commercialise et qui le rend millionnaire. Si nous pouvions copier ce produit identique et le commercialiser nous-mêmes pour faire des millions, afin de pouvoir acheter des villas... des Ferrari... des vacances de rêve... ta moralité t'empêcherait-elle de le faire ?"

Il lui faut environ une seconde pour dire qu'elle le ferait. Alors, dis-je, comment pouvons-nous être en colère contre quelqu'un qui ferait la même chose que nous ?

Peut-être que je me fais des illusions avec ces sornettes... mais cela fonctionne sûrement pour me calmer.

Si tu vends un complément alimentaire, il peut être imité en quelques minutes. Un livre sur un sujet particulier ? Certes, tu peux enregistrer le droit d'auteur du livre, mais si je sais que le "thème" est chaud, je peux simplement créer mon propre livre.

Bien qu'il puisse être impossible de prévenir les imitations, tu peux essayer de les empêcher de réussir. Ce chapitre te dira comment faire.

La Poste Directe est la Plus Secrète

Quand tu fais de la publicité dans des magazines ou diffuses des spots télévisés, ils sont visibles aux yeux de tous. Quand tu envoies des lettres, c'est très secret. Mais, si tu as une promotion gagnante dans la poste directe, pourquoi te retiendrais-tu de faire de la publicité dans des magazines ? Tu ne devrais pas.

Ce que j'aime faire est d'accumuler assez d'argent dans la poste directe pour ensuite m'élargir à grande échelle dans les magazines. Cela prendrait des mois à un imitateur pour rattraper son retard et gagner la part de marché que j'ai établie. Cela comporte évidemment certains risques.

Il vaut mieux choisir des magazines de qualité et ne pas payer trop cher. La poste directe est beaucoup plus difficile à rendre efficace par rapport aux annonces dans les magazines. Donc, si tu gagnes avec la poste directe, il est assez sûr de supposer que tu peux aussi gagner avec des annonces imprimées à condition qu'elles soient dans des magazines de qualité et que tu ne paies pas trop cher.

Rappelle-toi, 20-30 pour mille pour une publicité à page entière - c'est tout. Et si tu peux les obtenir pour moins - fais-le!

Les Annonces dans les Magazines Réveillent les Imitations en 3 ou 4 Éditions

Dès que je vois une annonce publiée dans un magazine 3 ou 4 fois, surtout si c'est une page entière... et surtout si c'est dans un magazine coûteux... je sais que ça fonctionne pour eux. Tes concurrents arriveront à la même conclusion. Ce qu'ils ne savent pas, c'est combien tu paies pour l'annonce... donc tu dois obtenir les annonces au prix le plus bas possible.

EXCLUSIVITÉS

C'est une tactique que j'ai utilisée pendant des années et qui a fonctionné comme par magie. J'ai irrité tous mes imitateurs avec cette tactique... et j'ai aimé chaque seconde. Ce que je fais une fois que je sais que j'ai un gagnant dans la poste directe et que je veux m'étendre dans les magazines est d'obtenir des exclusivités.

Une exclusivité, c'est quand tu vas voir un magazine et d'abord négocies un prix. Puis tu leur dis que tu veux être le seul marketeur de ce que tu vends à être autorisé à faire de la publicité dans ce magazine. Maintenant, cela ne fonctionnera pas si le magazine a déjà des annonceurs qui vendent des produits similaires. Cela est destiné à des produits originaux.

Le magazine pourrait ne pas avoir de problème avec cela parce qu'ils ne sont pas inondés de marketeurs voulant placer des annonces pour les mêmes produits que tu vends pour le moment. Mais les mots-clés sont "pour le moment".

Une fois que tu commences et que les imitateurs sortent... ils poursuivront chaque magazine dans lequel tu fais de la publicité. Tu as déjà fait la recherche et prouvé que ce magazine fonctionne. Si tu attends d'essayer d'obtenir des exclusivités après que les imitateurs inondent le magazine, ce sera beaucoup plus difficile... beaucoup plus coûteux... ou presque impossible. Pourquoi l'éditeur devrait-il couper les revenus de son activité juste pour t'aider ? Il ne le fera pas.

Donc, si tu as un succès et que tu veux t'étendre avec des annonces dans les magazines, obtiens les exclusivités juste après avoir négocié le prix. Si le magazine veut 21 000 dollars et tu veux payer 20 000 dollars... l'accord décisif pour eux pourrait être l'exclusivité.

Certaines magazines n'acceptent pas 'exclusivité et j'ai découvert que dans certaines situations, je n'en avais pas vraiment besoin. Comme FHM... Ils ne voulaient pas m'offrir une exclusivité, et ils ont laissé entrer 3 ou 4 de mes concurrents dans les pages avec moi.

Mois après mois, tous se retiraient. Au bout de trois mois, ils ne faisaient plus de publicité dans FHM. Mais cela n'aurait pas été le cas si ces marketeurs étaient doués pour créer des annonces. Heureusement pour moi, ils ne l'étaient pas. L'éditeur aurait dû accepter l'exclusivité.

Publicité en Deux Étapes (Two Step)

Si tu exécutes des publicités en deux étapes dans les magazines plutôt qu'en une étape... tu peux garder beaucoup des "aspects opérationnels" de ton offre dans l'ombre. Rappelle-toi comme je le disais dans un chapitre précédent, les imitateurs sont généralement paresseux. Ils n'ont pas envie de passer par tous les pas de tes annonces pour voir s'il y a quelque chose derrière tout cela. Une annonce en deux étapes peut garder ton "secret" secret un peu plus longtemps.

Fais Poursuivre Seulement Si C'est Nécessaire

Si tu as un cas, comme quand quelqu'un viole complètement les publicités de ta compagnie, les marques, etc., essaie de résoudre les différences entre vous avant d'engager un Avocat. Mais si cela ne mène nulle part, va consulter un Avocat. Mais assure-toi que l'avocat ne te dise pas qu'il y a un cas juste pour se créer un peu de travail. Les avocats sont des charognards et je n'en ai pas rencontré un qui me plaise. Des exploitants de l'argent de la misère. Mais si tu as besoin d'en utiliser un... tu dois le faire. Juste, assure-toi de ne pas te faire trop presser.

Ne Descends Pas au Niveau des Imitateurs dans la Presse

Sais-tu ce qui est drôle? Les imitateurs volent ton idée et probablement 50% de ton annonce... en exagérant juste un peu les affirmations. Tu dis 66%... ils diront 67%. Mais le pire, c'est qu'ils parleront mal de toi et de ton produit dans leur annonce! Peut-être même qu'ils s'appelleront eux-mêmes les originaux ! Pour le nouveau lecteur du magazine... qu'en sait-il? Il n'a pas vu ton annonce auparavant.

Habituellement, ce que je fais, c'est aller voir l'éditeur et lui dire que j'ai été un annonceur pendant longtemps et voir s'ils peuvent dissuader l'annonceur de parler mal dans leurs annonces. Si l'éditeur aide, parfait. S'il ne le fait pas, que feras-tu... retireras-tu ton annonce et laisseras tous les revenus à cet imitateur? Non.

Maintenant, un marketeur direct inexpérimenté pourrait immédiatement essayer d'attaquer l'autre annonceur dans son annonce. Ne fais pas ça. Le consommateur ne se soucie pas de ta lutte avec cet imitateur. Prends la route la plus haute. Sérieusement. Quand le consommateur voit ce type qui t'attaque et parle mal, tandis que ton annonce transmet de la crédibilité... le client t'appellera.

Peut-être que l'imitateur entre avec un prix plus bas. C'est leur spécialité. Qui s'en soucie? Ne baisse pas ton prix pour égaler le leur. Ce que tu dois faire, c'est ajouter de la crédibilité à ton annonce. Plus de témoignages... une annonce plus grande dans des magazines favorables... de meilleures garanties... un bonus gratuit une endorsement... etc. Sois plus crédible et tu gagneras.

Ne Laisse Pas d'Autres Marketeurs Gagner Sur Ta Marque !

Engage quelqu'un spécialisé en propriété intellectuelle. Si ton produit est www.Skinceuticals.com, assure-toi d'enregistrer www.Skinceuticals.net... et www.buySkinceuticals.com. Sinon, quelqu'un prendra ces pages et exploitera ta marque en vendant leurs produits.

Une fois que tu deviens assez grand... si tu es assez chanceux pour le devenir... combattre contre la racaille sera un travail à temps plein. Juste, ne le laisse pas devenir le tien. Engage quelqu'un. Tu dois rester concentré!

BONUS 1

Pêcher

Je suis un pêcheur. Mais pas de la manière ordinaire. Je ne vais pas en bateau avec une canne à pêche. J'envoie des lettres de vente directe à des groupes de clients potentiels et j'attends de voir combien de "morsures" j'obtiens.

Maintenant, le "produit" que je vends n'est qu'un moyen pour atteindre un but. C'est l'appât sur mon hameçon, pour ainsi dire.

Peu m'importe vraiment ce que je vends, tant que ça fait mordre les poissons... et qu'ils mordent bien.

Tu n'entendrais jamais un pêcheur professionnel dire, je n'utilise pas un certain type d'appât parce que ça ne m'"intéresse" pas... ou c'est "dégoûtant"... ou ça me "gêne". NON. Tant que l'appât fait damnément mordre les poissons... ça pourrait être n'importe quoi.

Je ressens la même chose à propos des produits. Tu ne devrais pas tant t'inquiéter de ce qu'ils sont, mais du fait qu'ils attirent des commandes.

Et c'est là-dessus que tout le business tourne... avoir un appât assez fort pour ramener plus de revenus en commandes que ce que cela t'a coûté d'envoyer les lettres de vente en premier lieu.

Tu dois aussi t'assurer de pêcher dans le bon étang. Si tu cherches un certain type de poisson, et qu'ils ne sont pas connus pour être dans le cours d'eau où tu pêches... sors de là!

Je le répète encore. Oublie tout sur la copie... les garanties... les titres... etc. Ce sont juste des choses qui rendent ton travail de vente plus puissant. Ce qui compte vraiment, c'est d'avoir le bon produit, avec l'attrait correct... pour le bon groupe de personnes.

Tu pourrais être le meilleur rédacteur publicitaire du monde, et cela ne te garantira pas de faire des millions chaque fois que tu envoies une nouvelle lettre pour un nouveau produit. Si c'était vrai, je ne perdrais certainement pas de temps à écrire ce livre, je serais en train d'écrire des lettres de vente!

Le bon produit viendra à toi. Tu dois juste garder les yeux et les oreilles ouverts. Écoute tout le monde. En écoutant les autres... tu serais étonné de ce que tu découvres. Lis tout. Toutes sortes de magazines... tous les types de livres... journaux, etc.

Essaie de trouver une vague énorme et surfe dessus. Si tu vois que la tendance des faibles en glucides est à la mode, crée un type de produit qui s'appuie sur la demande de trucs faibles en glucides... une newsletter de régime faible en glucides... une pilule de régime bloquant les glucides, etc.

Cherche ces vagues et surfe dessus. Regarde l'iPod d'Apple. Vois combien ces fabricants d'accessoires aftermarket gagnent?

Pour trouver le meilleur appât... trouve un besoin énorme ou un désir de ton client potentiel.

BONUS 2

Comment Perdre 48.000.000 $ en Un Jour

Apprendrais-tu un nouveau business d'un type qui s'est déclaré coupable de crimes horribles, a perdu des millions de dollars et risquait même la prison ?

Je suis sûr que beaucoup de personnes lisant ce livre se sont dit, "Pourquoi diable ce fou raconte-t-il des choses pareilles?" La réponse est simple.

Je m'en fous.

Je n'ai honte de rien de ce qui m'est arrivé dans le passé. Pourquoi? Parce que j'ai été victime d'un gouvernement corrompu.

Écoute, je ne voudrais rien apprendre d'un type qui a vécu dans l'aisance. Je veux apprendre du type qui a vu le sommet de la montagne... ainsi que le sous-sol de la prison. C'est ce type qui a les "bonnes" informations pour moi.

Voyez... j'étais plutôt réussi. J'avais plus de 10 millions de dollars juste sur mon compte courant. J'avais des villas partout. Des voitures de rêve. Tout.

Ce que les gens ne réalisent pas, c'est qu'une fois qu'un produit a du succès et que tu envoies des lettres ou fais de la publicité en grande quantité... tu dois surveiller chaque aspect pour t'assurer de maintenir ton "avion" en "vol".

Pour certains, gérer l'entreprise et la maintenir "à flot" est une grande responsabilité. Comme cela l'était pour moi.

Cependant, je m'inquiétais juste de gérer l'entreprise et de garder les chiffres corrects. Je n'étais pas concentré sur le fait d'être une "cible".

Mon associé avait eu une sorte d'altercation avec l'un des employés - un chauffeur de limousine.

Alors, le chauffeur de limousine a fini par être licencié ou démissionner - je ne sais pas. Il était tellement en colère contre mon associé pour cela, et au lieu de laisser tomber, il est allé au Département de Police local et a dit que mon associé avait harcelé son fils!

Oui.

Alors, le détective a dû enquêter sur cette grave accusation, et il l'a fait. Et cela n'a mené à rien.

Ce que ce gars a ensuite fait, c'est aller chez le Procureur Général de l'État où j'opérais avec mon entreprise. Il est entré et a raconté aux procureurs une histoire sur comment moi et mon associé étions dans la mafia et comment nous payions la mafia... et comment nous riions des clients qui achetaient nos produits, parce qu'ils étaient médiocres... et comment nous ne donnions jamais de crédits aux clients, etc.

L'État, au lieu de faire un peu de recherche sur ce gars, sur son histoire fausse de "harcèlement" et peut-être même de nous donner l'opportunité de répondre à ces accusations... a décidé de tout saisir.

Ainsi, un jour, moi et mon associé étions à la banque et le Directeur de la succursale (qui voulait travailler pour nous) vient vers nous et demande, "Pourquoi tous vos comptes sont gelés ?" Nous l'avons regardé comme s'il était fou, puis nous avons couru retour à notre bureau pour appeler notre Avocat.

Alors que nous arrivions, des dizaines d'hommes avec des boucliers et des armes pointées assiégeaient notre bâtiment. J'ai continué à conduire. Je devais aller chez l'avocat pour comprendre ce qui diable se passait.

Il s'est avéré que l'État, avec leur "témoin", nous poursuivait pour fraude et blanchiment d'argent et une liste d'autres choses horribles. Ok. Ce qu'ils ont décidé de faire, c'était la saisie. Une saisie, c'est quand l'État arrive et prend tous tes biens : tes voitures, tes maisons, tes comptes bancaires, même la bague de fiançailles du doigt de ma fiancée!

Maintenant, comment diable peux-tu te battre dans une affaire sans ressources ? D'une certaine manière, j'aurais préféré avoir fait quelque chose de mal quand ils ont tout saisi. Si j'avais fait quelque chose de mal, j'aurais caché des millions de dollars et j'aurais eu des passeports prêts pour fuir. Mais j'avais juste 2000 dollars en poche et un Rolex au poignet.

J'ai emprunté 100 000 dollars à un ami pour l'avocat. L'avocat a épuisé cette somme en deux ou trois mois. Gary Halbert a raison... Tu es innocent jusqu'à ce que tu sois à sec.

L'État a bloqué tous nos enregistrements donc nous

ne pouvions pas revoir les relevés bancaires et tous les documents qui auraient prouvé notre innocence. Ils ont retenu tellement d'informations et combattu si déloyalement que mon ami juif a dit: "C'est la Allemagne nazie!"

En plus de prendre tout ton argent et tes biens, ils empilent aussi des charges pénales très élevées. Mais ils ne les présentent jamais... ils te menacent juste avec.

Pourquoi ont-ils fait ça? Ils voulaient les 48 millions de dollars que moi et mon associé avions.

Laisse-moi te dire, quand tu es menacé de 10 ou 20 ans de prison, même si tu es à 100 % innocent, il y a quand même un certain élément de risque. Surtout, quand tu n'as pas d'argent pour engager un bon avocat.

Non seulement cela, mais qui va payer pour tous ces experts que tu dois engager? Ils ne travaillent pas gratuitement.

L'État sait que si tu ne peux pas te permettre de combattre l'affaire, et s'ils empilent la menace de charges pénales assez profondément, tu vas probablement juste céder tous tes biens à eux et partir. Une aubaine.

Tu vois, quand ils saisissent tous tes biens, le seul moyen qu'ils peuvent réellement "les garder" est de te faire signer la cession (généralement dans une sorte d'accord de plaidoyer)... ou si tu es condamné au procès. Et alors, bien sûr, tu finiras en prison.

J'ai toujours cru que tu peux créer de l'argent, mais tu

ne peux pas créer du temps. Mais je n'étais pas encore prêt à abandonner.

Mais peut-être aurais-je dû... parce que l'État a commencé à impliquer d'autres personnes dans les charges pénales comme ma fiancée, qui n'était rien d'autre qu'une fille qui gérait la paie et les Ressources Humaines.

L'État cherchait à me faire céder. Ils pouvaient accuser n'importe qui qu'ils voulaient, et les charges pourraient tenir ou non... mais la punition est dans le procès.

Toute la pression a eu son effet un an plus tard. Moi et mon associé avons atteint un accord de plaidoyer où nous céderions 47 millions de dollars en espèces et en biens et nous nous déclarerions coupables de blanchiment d'argent et de schémas de fraude. En retour, nous laisserions tout cela derrière nous et garderions nos familles hors de cette situation. L'État voulait juste l'argent.

Alors, la leçon à apprendre ici: Si tu gagnes un tas d'argent dans ce business... ou dans n'importe quel business... garde-le protégé. Ne possède pas de biens visibles, saisissables.

Le Gouvernement te Volera

Veux-tu savoir quelque chose de drôle ? Après que nous ayons déposé nos aveux, cet ancien chauffeur de limousine a appelé notre Avocat et lui a dit qu'il voulait parler. Il s'est avéré que les enquêteurs lui avaient promis jusqu'à 10% de ce qu'ils saisiraient de nous. Cela aurait été environ 4,8 millions de dollars. Bon sang, je connais des gens qui inventeraient des histoires sur des personnes qu'ils aiment pour la chance d'obtenir 4,8 millions de dollars... imagine pour quelqu'un qu'ils détestent !

Pourquoi est-il venu vers nous ? L'État ne l'a jamais payé ! Et il était en colère et voulait se venger d'eux de la même manière qu'il voulait se venger de nous.

Mais c'était trop tard. Nous avions déjà accepté l'aveu de culpabilité et le juge ne nous a pas permis de le retirer !

J'ai été condamné à 6 mois de prison... comme mon ex-associé.

Les 48 millions de dollars saisis par l'État devaient aller à toutes les victimes que nous avions créées avec nos produits. Pendant que j'étais en prison, je lisais un article de journal sur nous. L'État a affirmé avoir reçu un peu plus de 5000 demandes de remboursement de la part de nos clients.

Nos produits étaient vendus 50 dollars. Faites le calcul. C'est 250 000 dollars de remboursements. Mais que va faire l'État avec les autres 47 750 000 dollars saisis de nous ? Profits inattendus !

Même le bâtiment dans lequel se trouvait notre entreprise... devait être liquidé pour les "victimes". Eh bien, maintenant c'est le siège du Bureau des Douanes des États-Unis. Ils ont simplement décidé, "Hé, nous aimons cet immeuble... prenons-le."

C'est vraiment si facile pour ces gars.

N'ayez pas de biens saisissables. Si tu n'as rien qu'ils

puissent prendre, ils ne se soucient pas de te mettre en prison. Tout ce qu'ils veulent, c'est l'argent.

Si je pouvais remonter le temps, voici comment je me préparerais mieux à cela:

- J'aurais deux millions de dollars en espèces enterrés quelque part ailleurs que chez moi ou à mon bureau.

- J'aurais eu des études cliniques pour tout supplément nutritionnel en vente. J'aurais eu tous les experts disant à quel point cela fonctionne bien, avant qu'ils ne soient requis de le dire devant un tribunal.

- Je n'aurais jamais eu aucun bien saisissable. Ma maison, mes voitures, mes comptes bancaires. Mes comptes bancaires auraient eu peu d'argent... mais tout le véritable "trésor" aurait été protégé - probablement dans un autre pays.

- J'aurais eu des passeports pour tous les membres de ma famille. C'est plus facile de négocier quand tu n'es pas sous la loi des États-Unis.

- J'aurais examiné chacune de mes annonces avec une loupe. J'aurais fait examiner les annonces par un avocat. Je me serais assuré d'avoir des preuves solides de chaque affirmation, et j'aurais gardé toutes ces preuves solides hors site. Pas dans ma maison ou bureau. Quelque part cachées.

Cela était hors de mon contrôle, mais je n'aurais

jamais mis en colère un employé licencié ou démissionnaire.

Avoir une copie de sauvegarde du base de données complète sur une de ces nouvelles clés USB avec mémoire flash. Si les choses tournent mal, tu peux toujours compter sur le fait de faire beaucoup d'argent avec ton fichier client. Si j'avais eu le mien, j'aurais pu facilement gagner 4 millions de dollars. Garder la base de données sur ta clé USB.

Essayer de prendre en leasing au moins une de mes voitures. Le gouvernement ne peut pas saisir des biens en leasing.

J'aurais eu des copies de tous les relevés des marchands et d'autres documents importants dans un lieu différent de ma maison ou de mon bureau. Les informations importantes que tu dois montrer pour prouver ton innocence seront "perdues" par les procureurs. Tu dois toujours avoir tes propres copies.

Les politiciens, les procureurs et PRESQUE TOUS LES EMPLOYÉS GOUVERNEMENTAUX sont des déchets. Tu dois être un certain type de personne pour faire ces travaux. Tu dois être un déchet.

Probablement il y a seulement une poignée de marketeurs directs qui peuvent te dire autant que moi. J'ai tout vu. Le bon... le mauvais... le laid. Quand tu feras tes millions, assure-toi de les protéger.

LA BIBLIOTHÈQUE DU MILLIONNAIRE

- Tested Advertising Methods - John Caples
- The Lazy Man's Way To Riches - Joe Karbo
- Breakthrough Advertising - Eugene Schwartz
- Scientific Advertising/My Life in Advertising - Claude Hopkins
- Ogilvy On Advertising - David Ogilvy
- 2239 Test Secrets For Direct Marketing Success - Denny Hatch and Don Jackson
- Think and Grow Rich - Napoleon Hill
- Money Making Secrets Of Jay Abraham and Other Marketing Wizards - Jay Abraham
- The Robert Collier Letter Book - Robert Collier
- How to Win Friends and Influence People - Dale Carnegie
- You Were Born Rich - Bob Proctor
- The Gary Halbert Letter - www.thegaryhalbertletter.com

- Advertising Secrets of the Written Word - Joe Sugarman
- Marketing Secrets of a Mail-Order Maverick - Joe Sugarman
- Triggers - Joe Sugarman
- How To Write A Good Advertisement - Victor Schwab

Note

Cette synthèse de "The 12 month millionaire" a été soigneusement élaborée pour diffuser cette pierre angulaire du marketing direct écrite par Vincent James en 2005 (et impossible à trouver en format papier).

Bien qu'il s'agisse d'une version extrêmement synthétique, nous sommes convaincus qu'elle peut servir de tremplin pour ceux qui ne maîtrisent pas bien l'anglais, mais qui souhaitent approfondir et appliquer sa pensée en particulier et le marketing direct en général.

Ce livre peut également bénéficier à ceux qui possèdent déjà la version originale, pour une consultation plus facile et la révision des concepts fondamentaux, que ce soit lors de brainstormings ou de réunions d'entreprise.

Le but de cette synthèse est purement informatif ; nous ne souhaitons en aucun cas la remplacer par le livre original de Vincent James.

L'équipe de Éditions Concentré